Radel dich satt
Ostholstein

Die Strandkörbe des Cafés Genueser Schiff warten auf Gäste (und schönes Wetter) (Tour 21).

Herbert Rönneburg

Radel dich satt
OSTHOLSTEIN

25 leichte Radtouren zu originellen Restaurants und Ausflugslokalen

BRUCKMANN

↑ Im Neustädter Hafen: Alles bereit zur Tour (Tour 1)!
↓ Schloss Eutin werden wir auf jeden Fall besichtigen (Tour 7).
↘ Superschöner, aber anstrengender Weg in Hohensasel (Tour 9)

INHALT

DIE TOUREN

Lübecker Bucht

Holsteinische Schweiz

Probstei

Kieler Bucht

↑ Das Portal der Klosterkirche in Preetz (Tour 14)
↗ Blick durch das Torhaus auf Schloss Kletkamp (Touren 21 + 22)

Schöner Weg auf dem westlichen Hochufer der Kieler Förde (Tour 25)

Vorwort

ALS ICH VOR VIER JAHRZEHNTEN meine Stelle bei den Symphonikern Hamburg antrat, kam ich zum ersten Mal mit dieser umwerfenden Landschaft in Kontakt: Wir bespielten die Opernfestspiele im schönen Eutin. Ich nutzte die Zeit und mietete mich »dort oben« ein. Das ersparte mir die täglichen An- und Abfahrten zurück nach Hamburg. Und für meine Mobilität hatte ich natürlich mein Fahrrad dabei. Hier konnte ich tagsüber meiner Leidenschaft für Fahrradtouren nachgehen. Später mit der wachsenden Familie waren wir ganze Sommer in Ostholstein. Und noch immer verbringen wir dort mehrmals im Jahr Urlaubstage – und das zu jeder Jahreszeit!

Damals brachte mich die Landschaft zum Erstaunen: Ich fühlte mich in einen idealisierenden Heimatfilm versetzt. Ich sah »Immenhof« und »Seebühl am Bühlsee«: eine Landschaft voller Hügel und zarter Buchenwälder, gewellter Äcker und Wiesen, zerteilt von Bächen und Seen; und zur Ostseeküste hat man es niemals weit. Und wie Schmuckstücke gut verteilt, trifft man auf riesige Landgüter mit ihren wasserumflossenen Herrensitzen, die von vergangenem oder gegenwärtigem Reichtum der adligen Klasse zeugen.

Theoretisches Wissen aus dem frühen Erdkundeunterricht wird hier anschaulich: Steilküste und Ausgleichsküste, Nehrungen und Strandseen, Grund- und Stauchmoräne, eiszeitliche Abflussrinnen und Toteisseen. All dies kann man mit dem Fahrrad »erfahren« und die Höhenmeter in den Waden erspüren.

Ländliche Gasthöfe und Bauernhofcafés finden sich immer als Ziel- und Wegmarken und bieten Stärkung, Gaumenschmaus und freundliche Aufnahme.

Besonders schön ist es, wenn alles zu blühen anfängt: die saftigen Weiden voll mit Löwenzahn, die ersten zarten Blätter der Buchenwälder, die üppig mit Blüten besetzten Weißdorn- und Schlehenhecken, die sonnenbeschienenen endlosen Felder strahlend vom Gelb der Rapsblüten!

Wer einmal an einem schönen Maitag durch Ostholstein streift, wird sich in diese Landschaft verlieben und immer wieder zurückkehren wollen.

Herbert Rönneburg

Willkommen in Ostholstein

Ostholstein ist größer als der lediglich gleichnamige Landkreis. Es ist eine wunderbare, abwechslungsreiche Landschaft! In diesem Radtourenführer lernen wir die Bereiche zwischen Kiel und Lübeck kennen.

Norddeutschland – flaches Land?

Wer glaubt, dass Norddeutschland unendlich flach ist und nur der Wind ein eventueller Gegner beim Radeln, hat sich getäuscht. In der Moränenlandschaft Ostholsteins hat man mit immer wiederkehrenden kurzen, aber knackigen Steigungen zu tun.

Eine Insel ohne Berge

Die einzige Ostseeinsel Schleswig-Holsteins ist Fehmarn: flach, aber überhaupt nicht langweilig! Ein abwechslungsreicher Fahrradparcours führt um die Insel.

Gipfelstürmen

Auf unseren Touren »erklimmen« wir auch die beiden höchsten Gipfel des Bundeslandes: den Pilsberg (128 m, Tour 23) und den Bungsberg (167 m, Tour 6).

Der längste Fluss?

Die Schwentine ist einer der längsten Flüsse in Schleswig-Holstein. Aber sie versteckt sich gern: Sie fließt durch eine Unmenge von großen und kleinen Seen und ist deswegen als Fluss nicht leicht zu erkennen. Das gleiche gilt für ihren Zufluss Alte Schwentine.

Welches Türmchen hätten Sie denn gern?

Auf unseren Touren passieren wir an der Küste immer wieder (Leucht-)Türme. Das Erklimmen dieser Attraktionen – wenn es denn geht – lasse ich mir nie entgehen ...

Holsteinische Schweiz?

Mit Beginn der Tourismusbewegung – damals noch als Sommerfrische bezeichnet – erfreute sich die Schweiz großer Beliebtheit. Ein Hotelier kam auf die Idee, seinem beliebten Hotel den Namen »Holsteinische Schweiz« zu geben – ein Begriff, der später auf die ganze Landschaft angewendet wurde.

Stauchmoräne

Drei Eiszeiten hat dieser Landstrich erlebt. Die letzte hat dann eine bestehende Grundmoräne noch einmal wie ein Schaufellader zusammengeschoben: So entstand die Stauchmoräne mit ihren markanten Höhen und ihrem welligen Profil.

Bucht um Bucht – eine Wucht

Über 140 Kilometer Küstenlinie hat Ostholstein; dazu kommt die Insel Fehmarn mit mehr als 60 Kilometern. Und nicht zu vergessen: die Kieler Förde und die buchtige Mündung der Trave im Süden. Da findet jeder einen Platz am Strand.

Bruckmann-Tourenfinder

Für jeden Tag die richtige Tour

			km	Hm	Std.							
1	Neustadtrunde	🔵	29	199	2.30	✓	✓	✓	✓		✓	✓
2	Lehnsahn-Acht	🔵	43	141	3.30	✓		✓	✓	✓	✓	✓
3	Von Oldenburg nach Neustadt	🔵	52	225	4.30	✓		✓	✓		✓	✓
4	Von Eutin über Travemünde nach Lübeck	🔵	63	250	5.30	✓		✓	✓		✓	✓
5	Von Eutin nach Neustadt	🔵	23	52	2.00	✓	✓	✓	✓		✓	✓
6	Eutin Bergrunde	🔴	33	416	3.30	✓		✓	✓	✓	✓	✓
7	Eutin Seerunde	🔴	24	164	2.30	✓		✓	✓	✓	✓	✓
8	Östliche Seenrunde	🔵	43	493	5.00	✓	✓		✓	✓	✓	✓
9	Malente–Lütjenburg-Runde	🔵	49	588	4.30	✓		✓	✓			✓
10	Von Malente nach Preetz	🔵	34	143	3.00	✓		✓		✓		✓
11	Plönerseerunde	🔵	37	89	3.00	✓	✓	✓	✓	✓	✓	✓
12	Von Neumünster nach Preetz	🔵	59	311	5.00	✓			✓		✓	✓
13	Schönbergrunde	🔵	32	194	3.00	✓	✓		✓			✓

			km	Hm	Std.							
14	Schwentine-Acht	🔴	30	425	3.00	✓		✓		✓	✓	✓
15	Probsteirunde	🔴	48	673	4.30	✓		✓	✓	✓	✓	✓
16	Westliche Seenrunde	🔵	25	71	2.00	✓	✓		✓		✓	✓
17	Fehmarn Ost	🔵	29	0	2.30	✓	✓		✓		✓	✓
18	Fehmarn West	🔵	46	51	4.00	✓	✓	✓	✓		✓	✓
19	Von Oldenburg nach Großenbrode	🔵	37	53	3.00	✓	✓		✓		✓	✓
20	Von Oldenburg über Schönberger Strand nach Laboe	🔵	63	169	5.00	✓	✓	✓	✓		✓	✓
21	Östliche Runde um Lütjenburg	🔵	29	245	2.30	✓	✓	✓	✓			✓
22	Große östliche Runde um Lütjenburg	🔴	39	339	3.30	✓			✓		✓	✓
23	Westliche Runde um Lütjenburg	🔴	36	343	3.00	✓		✓	✓	✓	✓	✓
24	Von Kiel zum Schönberger Strand	🔵	32	131	3.00	✓	✓	✓	✓		✓	✓
25	Kieler-Förde-Tour	🔵	31	174	3.00	✓	✓	✓	✓		✓	✓
	Auf Schienen durch die Holsteinische Schweiz	🔵	17	76	2.00		✓		✓	✓		✓

Am Mühlenteich der Niedermühle bei Lütjenburg (Tour 21)

INFO

PIKTOGRAMME ERLEICHTERN DEN ÜBERBLICK

Länge | Höhenunterschied | Fahrzeit

Einkehr | viel Sonne | ÖPNV

kindergeeignet | schattiger Weg

Sehenswürdigkeit | Baden

ANFORDERUNGEN

● LEICHT

Technisch einfache Radtour auf gut ausgeschilderten und befestigten Wegen, die außerdem durch ihre kurze Wegstrecke schnell und leicht zu befahren sind. Hierbei handelt es sich oft um Strecken, die vor allen Dingen von trainierten Radlern auch als Halbtagestour in Angriff genommen werden können.

● MITTEL

Touren, die durch einzelne Abschnitte oder Begebenheiten nicht mehr als leicht eingestuft werden können, aber dennoch nicht schwer sind. Oft handelt es sich um kurze Bereiche, bei denen die etwas schlechtere Wegbeschaffenheit kein müheloses Rollen ermöglicht. Außerdem sind hier auch schon mal kurze Abschnitte entlang von Straßen zu bewältigen oder der eine oder andere moderate Anstieg zu fahren. Die meisten Touren landeten jedoch in dieser Kategorie, weil sie mit mehr Kilometern auskommen.

● SCHWER

Anspruchsvollere Strecken, auf denen man sich schon alleine wegen der Länge mit Vorrat eindecken sollte. Bei den schweren Touren handelt es sich ausnahmslos um Ganztagestouren, die man nur mit entsprechender Kondition angehen sollte.

Pause auf dem Aussichtspunkt Ölberg an der Kieler Förde (Touren 24 + 25)

OSTHOLSTEIN ERFAHREN

Ostholstein hat alles, was man zum genussvollen Radfahren braucht. Und bei fast allen Touren könnten wir auf das Auto verzichten.

KARTEN

Sehr gut geeignet für alle Radtourenbegeisterte sind die Wander- und Freizeitkarten (1:50 000) des Landesamtes für Vermessung und Geoinformation Schleswig-Holstein. Sie sind wasserfest und sehr schön gestaltet. Mit den Karten Nr. 8, 9 und 10 sind wir gut aufgestellt und haben sogar noch weitere, appetitmachende Bereiche mit dabei.

RESTAURANTS

Viele Restaurants kämpfen nicht nur wegen der Coronapandemie ums wirtschaftliche

Überleben, sondern leiden auch unter dem Fachkräftemangel. Einige haben den Betrieb eingestellt. Und die meisten anderen haben ihre Öffnungszeiten eingeschränkt.
Es ist sicher gut, sich vor dem Abfahren einer Tour noch einmal der Öffnungszeiten für eine eventuelle Einkehr zu versichern.

KOMBINIEREN

Viele Tourenvorschläge lassen sich sehr gut zu Zwei- oder Mehrtagestouren kombinieren. Aber auch eine Streckentour mit einer Rundtour am Zielort kann eine gute Wahl sein. Oder Sie umrunden die Insel Fehmarn in zwei Tagen. Hier sind Ihrer Fantasie keine Grenzen gesetzt.

IN DER GRUPPE

Wenn Sie zu mehreren sind und nicht mit dem Auto anreisen, oder nach einer Strecke noch eine Bahnfahrt zum Ausgangspunkt vor sich haben, prüfen Sie, ob Sie von den Sonderangeboten der Bahn profitieren können (z. B. Schleswig-Holstein-Ticket plus 6 Euro Fahrradtageskarte Nahverkehr pro Fahrrad). Bei anderen Fahrkarten aus dem nah.sh-Tarif wird eine Fahrradtageskarte für 4,60 Euro fällig (Stand 2022). Mit diesen Tickets können Sie auch die Fördelinien auf der Kieler Förde nutzen.
Die Busse – außer dem X85 – nehmen maximal 2 Fahrräder mit; und das auch nur bei genügend Platz.

DIE RICHTUNG

An den Küstenstrecken kann der Wind manchmal recht stark sein. Wenn er in dem Fall von vorn kommt, könnte es sinnvoll sein, die Tour umgekehrt zu fahren. Ein Blick auf die Wettervorhersage sollte bei jeder Tour dazugehören.

WEGE

1. **Bundes-, Landes-, Kreisstraßen oder Verbindungsstraßen** sind die bevorzugten für den motorisierten Verkehr, die wir versuchen zu vermeiden. Wenn sie einen schönen, separaten Radweg haben, sind sie uns willkommen.

2. **Feld- oder auch Waldstraßen** habe ich die in Ostholstein häufig anzutreffenden gewalzten, breiten, aber nicht asphaltierten Straßen genannt, die mit dem Fahrrad gut zu fahren sind. Sie haben einfache bis doppelte Fahrzeugbreite.

3. **Betonplattenwege** sind kleinste Straßen, die nur mit zwei schmalen, parallelen Betonplatten in Fahrzeugbreite ausgelegt sind mit gelegentlichen Ausweichstellen. Sie werden von motorisierten Fahrzeugen kaum genutzt: ein Glücksfall für uns Radfahrer.

Auf einem meiner Lieblingswege, dem Strandweg Richtung Behrensdorf (Touren 20 + 23)

4. **Feldwege** sind von landwirtschaftlichen Fahrzeugen genutzte Wege mit zwei Fahrrinnen in Fahrzeugbreite. Diese Wege können unter Umständen etwas ruppig werden, sind aber für uns Radfahrer meist noch gut zu befahren.

5. **Wege oder Wanderwege** sind hergerichtete, feste Wege für Fußgänger und Radfahrer, meist mit wassergebundener Decke.

6. **Pfade** können schon mal sehr schmal werden und als Fahrspur eventuell nur Reifenbreite haben.

ANBINDUNG AN DEN ÖFFENTLICHEN NAHVERKEHR

1. **Schönberg und Schönberger Strand**: Die Wiedereröffnung der Bahnstrecke Kiel–Schönberg – eigentlich für 2022 geplant gewesen - hat sich erneut verschoben. Selbst die Zuständigen bei nah.sh konnten mir keine verbindlichen Zusagen machen; mit Glück wird es 2025 soweit sein. Bis dahin müssen wir mit den häufig fahrenden Bussen **(Linie 200, alle 60 Min.)** vorliebnehmen, die allerdings höchstens für zwei Fahrräder Platz haben.
Die Fahrradmitnahme ist in der Fahrplanauskunft nicht eingearbeitet, ist aber im SH-Tarif vorgesehen. So wurde mir das auch von www.nah.sh bestätigt. Ich bin allerdings auch einmal wegen zu erwartender Fülle vom Fahrer eines Busses abgelehnt worden. E-Bikes sind auch erlaubt. Sollte allerdings ein Kinderwagen oder ein (nicht elektrifizierter) Rollstuhl dazukommen, müssen die Radfahrer aussteigen.

2. Zwischen **Lübeck** und **Kiel** fahren die RE 83 und RB 84 und bedienen die Tourausgangspunkte **Eutin, Malente, Plön, Preetz und Raisdorf**.

3. Nach **Kiel-Oppendorf** fährt die RB 76 von **Kiel Hauptbahnhof**.

4. **Travemünde** fährt die RB 86 von Lübeck aus an.

5. **Neustadt/Holstein**, ebenfalls von Lübeck, fährt die RB 85 an.

6. Die Linie **Lübeck–Puttgarden** mit den Haltepunkten **Lensahn, Oldenburg, Großenbrode, Fehmarn-Burg und Puttgarden** wird leider bis ca. 2029 gesperrt sein im Zusammenhang mit dem Bau der Hinterlandanbindung des Fehmarnbelttunnels. Aber es gibt einen qualifizierten **Schienenersatzverkehr (X85)** im Stundentakt mit Doppelstockbussen, die Fahrräder auf fünf Heckträgern und zwei im Mehrzweckabteil mitnehmen können – wenn kein Rollstuhl oder Kinderwagen dazu kommt. **E-Bikes werden nicht mitgenommen**. Der Bus bedient die oben genannten Orte – allerdings nicht unbedingt an den alten Bahnhöfen. Zusätzlich wird der Haltepunkt **Haffkrug** angesteuert (https://regional.bahn.de/regionen/schleswig-holstein/fahrplan/fehmarnbeltquerung).

7. Lütjenburg: Die Bahnstrecke von Malente nach Lütjenburg liegt schon seit Jahrzehnten brach. Die Reaktivierung ist politischer Wille, aber die Realisierung noch Zukunftsmusik. Wer für die Touren 21, 22 und 23 Lütjenburg nicht mit dem Auto anfahren kann, muss die regionalen Busse nehmen; entweder von Plön (Bus 350, alle 60 Min.), Oldenburg(Bus 310, alle 30 Min.) oder Raisdorf (Bus 310 und 315: 1 bis 2x pro Stunde) (www.nah.sh/de/fahrkarten/fahrradmitnahme). Siehe dazu auch unter 1. Schönberg.

8. Neumünster: Nach Neumünster kommt man mit den Linien RE 7 oder 70, die zwischen Hamburg Hbf und Kiel Hbf verkehren.

9. Laboe: Die **Fördefährlinie F1** fährt direkt am Hauptbahnhof Kiel nach Laboe ab – und natürlich umgekehrt – und ist in den nah.sh-Tarif integriert. Der Sommerfahrplan gilt von Anfang Mai bis Anfang September. Nur auf dem Sommerfahrplan wird mit einigen wenigen Verbindungen der Haltepunkt **Strande** angeboten (www.sfk-kiel.de/de/faehrlinien/foerde).

DIE NUTZUNG DES X85 (SCHIENENERSATZVERKEHR)

Weil die Kapazität der Fahrradmitnahme begrenzt und nicht reservierbar ist, hat man einen strategischen Vorteil, wenn man – wann immer es passt – an Endstationen einsteigt. Es wird ja verfahren nach dem »first come – first serve«-Prinzip.
Bei meinen Fahrten nach dem Start des X85 an anderen Stationen hatte ich jedoch keine Probleme; die Belegung ist sicher je nach Wochentag und Saison verschieden. Es sei noch einmal erwähnt, dass der X85 keine E-Bikes mitnimmt.

ALTERNATIVEN

Von **Großenbrode** nach Oldenburg fährt auch der normale Linienbus 5811.

Und von **Lensahn Kirche** fährt auch der Linienbus 5804 nach Neustadt mit Anschluss an die Bahn.

↓ Das Neuland-Warnfeuer beim Behrensdorfer Strand (Touren 20 + 23)
↘ Anstrengende Hügel zwischen Kletkamp und Hähnersaal (Touren 21 + 22)

Am Kurstrand von Travemünde stehen die Strandkörbe bereit für die Saison (Tour 4).

LÜBECKER BUCHT

Sanfte Hügel und sonnige Seebäder

Im Neustädter Hafen

1

SEE UND HINTERLAND

Die Neustadtrunde

Unsere Neustadtrunde ist ein erstes Häppchen mit allem, was uns das übrige Ostholstein bietet: weite Wasserflächen, historische Güter und Kirchen, einsame Straßen durch Wälder und gelegentlich touristischer Trubel an einigen Hotspots.

START IN NEUSTADT Mit dem Rücken zum Bahnhofsgebäude fahren wir rechts und gleich links zur Hauptstraße, die rechts zur Brücke führt, die das Hafenbecken vom Binnenwasser trennt. Eine pittoreske Szene, wo meist viel touristischer Betrieb ist.

AUF DEM UFERWEG Unser Radweg beginnt gleich hinter der Brücke nach rechts. Wir folgen dem Straßenverlauf nach links und biegen dahinter rechts ab. Der Weg steigt im Jungfernstieg etwas an und führt uns zwischen Bäumen mit Aussicht auf die Hafenbucht an der Uferkante zur Ostsee hinaus. Nach 3,5 Kilometern, vor einem Holzbrückchen, werden wir ins Hinterland umgeleitet, weil der Pfad geradeaus auf dem kommenden Steilufer zu schmal ist. Wer diese Strecke bis Pelzerhaken schiebt, benötigt dafür 20 Minuten. Vor dem Holzbrückchen geht es nach links hoch, bis wir an der Pelzerhakener Straße auf den Radweg nach rechts schwenken. Wir folgen dieser Straße in den Ort zuerst mit einer milden Linkskurve und dann – wenn eine dazukommt – nach rechts. Danach biegen wir in die Strandallee, der zweite Abzweig nach rechts, Richtung Wasserkante ab.

AUF DER BREITEN PROMENADE Am Ende an einem kleinen Platz rollen wir nach links auf die Promenade, die bald direkt an der Wasserkante läuft. Wir passieren einen Leuchtturm. Am Ende der langen Promenade geht es zwischen Zäunen auf einen Parkplatz und anschließend in ein kleines Wäldchen hinein. Wieder auf Asphalt bei Häusern kommt wieder ein Parkplatz, wo unser Weg nach rechts geht und hinter einer Pizzeria wieder der Uferkante folgt. Die Campingplatzdichte ist enorm gestiegen. Der Weg ist jetzt naturbelassener und führt kurz hinunter zu einer Zufahrtsstraße zum Strand und am Rand eines zweiten Zeltplatzes vorbei. Dahinter rollen wir nach links weg von der Küste.

Tipp

OSTHOLSTEIN-ERFAHRUNG

Auf Gut Sierhagen gibt es ab und zu Events. Eine Übersicht gibt es auf folgender Website: www.gut-sierhagen.de/events/uebersicht

IM HINTERLAND Der Weg führt zur Straße Haffkamp mit schönem Radweg, die uns rechts nach Brodau führt. An der Einmündung sehen wir den ersten von vielen wasserumflossenen Herrensitzen in dieser Landschaft. Dort biegen wir nach links auf eine Straße, die im späten Frühling von Tausenden von Narzissen gesäumt ist. Sie führt uns – die B 501 querend – ab Beusloe auf einem Radweg bis zur Einmündung in die Neustädter Straße, wo wir rechts fahren und sofort die nächste Gelegenheit nach links nutzen.

EINE WUNDERSCHÖNE BASILIKA Diese Straße führt uns auf einer Brücke über die Autobahn hinweg, parallel zu dieser und dann auf dem Fußweg quer über die Niederung nach Altenkrempe, das mit seiner Basi-

Der Leuchtturm in Pelzerhaken

lika schon weit sichtbar auf dem Hügel liegt. Es lohnt sich, diese uralte Basilika aus dem 13. Jahrhundert zu besichtigen.

ZUM KULTURGUT HASSELBURG Vor der Kirche fahren wir rechts die Straße hoch und biegen hinter dem Bahnübergang nach links ein zum Kulturgut Hasselburg: eine tolle, gepflegte Anlage. Unsere Straße führt rechts daran vorbei und läuft gewunden durch einen schönen Wald. Später kommt eine andere Straße dazu. Am Ende rollen wir direkt auf das Gut Sierhagen zu.

BEEINDRUCKENDES GUT SIERHAGEN Wir müssen unbedingt in das Gutgeviert hineinrollen: die Größe der Anlage ist beeindruckend; also kurz nach rechts und dann auf der Brücke hinein in die Anlage. Wir verlassen Sierhagen auf der anderen Seite nach links. Bei der Gärtnerei auf der rechten Seite erreichen wir dann unsere Pausendestination, das **Palmenhaus Café**. Wenn wir das Café verlassen haben, radeln wir nach rechts, nehmen nicht die erste Straße, wo Neustadt schon ausgeschildert ist, sondern fahren vor bis zur Kreuzung, wo wir vorhin angekommen waren, und biegen dort nach rechts ab.

AM BINNENWASSER Eine schöne, ruhige Feldstraße führt uns unter der Autobahn hindurch in die Niederung des Binnenwassers. An der Bahnlinie knickt unser Weg nach rechts und läuft parallel zu den Gleisen. Wir passieren ein kleines Naturschutzgebiet und kommen dann in die Vororte von Neustadt. Wir queren nach links die Bahngleise, nehmen an der Gabelung die linke Straße und danach die erste rechts, die uns zur Hauptstraße führt, wo es nach links wieder wahlweise zum Bahnhof oder – wenn Zeit und Lust ist – zum Hafen geht.

INFO

TOURENCHARAKTER
Rundtour auf Nebenstraßen und festen Wegen, in der ersten Hälfte an der Küste.
Eine optionale Schiebestrecke mit Umfahrungsalternative

AUSGANGS-/ENDPUNKT
Bahnhof Neustadt in Holstein

GPS-DATEN
54.104184, 10.807854

ANFAHRT
Mit RE85 von Lübeck

ABKÜRZUNG
Keine

leicht | 29 km | 199 Hm | 2.30 Std.

↑ Der Garten des Palmenhaus Cafés
→ Bei Schlechtwetter ist innen genug Platz.
↘ Käsekuchen: immer eine gute Wahl

PALMENHAUS CAFÉ AUF GUT SIERHAGEN

Das Café liegt außerhalb der historischen Gutsanlage neben der alten Gärtnerei, eingebettet in einen schönen Garten – ein Ort, den man gern ansteuert. Draußen sitzt man auf einer Terrasse und guckt in die schöne ostholsteinische Landschaft.

Das Angebot an Salzigem ist sehr schmal; die Ausflügler kommen hierher wegen der hausgemachten Tortenkreationen. Und die können sich sehen und schmecken lassen: nicht übersüßt, sehr frisch hergestellt und in Dimensionen, wie sie in holsteinischen Bauerncafés üblich sind.

Die schwedische Apfeltorte mit Eierlikör brachte mich zum Schwärmen. Wegen des Probeschmeckens hatte ich noch ein zweites Stück: Käsekuchen. Auch sehr gut! Aber wegen der großen Stücke hatte ich doch tatsächlich Schwierigkeiten, dieses zweite Stück Kuchen vollständig zu verspeisen ...

Heidberg 1, 23730 Altenkrempe, www.gut-sierhagen.de/das-gut/palmenhaus-cafe, April–Okt., Di–So 14–18 Uhr

SCHLÖSSER UND KLOSTER

Die Lensahn-Acht

Diese Tour kann man als Acht fahren oder jeweils einzeln. Die Herrenhausrunde ist teilweise etwas ruppig, aber lohnend. Die Grömitzrunde führt auf einsamen Wegen zuerst in das trubelige Seebad Grömitz und über das Kloster Cismar zurück. Am Ende winkt ein Freilichtmuseum.

2

Schloss Güldenstein

ZUM HERRENHAUS PETERSDORF Unser Start ist der Bahnhof in Lensahn, wo man auch parken kann. Wir fahren rechts in den Ort hinein, biegen an der Kreuzung links in die Eutiner Straße ab, passieren die Kirche mit der Haltestelle des X85 und wenden uns in die Zweite nach rechts (Lütjenburger Straße) mit ihrem Radweg. Am Ende des Orts biegen wir rechts in die Petersdorfer Allee ein, die uns zum wasserumflossenen Gut mit Herrenhaus bringt: ein denkmalgeschütztes Ensemble, das wir rechts halb umrunden. An der Brücke geht ein etwas versteckter Weg um die andere Hälfte der Herrenhausanlage, von dem unsere Waldstraße nach rechts abzweigt. Wenn rechts ein Weg dazukommt, bleiben wir links. Wir queren die Landesstraße bei Johannishof und fahren zwischen den Häusern immer geradeaus. Der Weg wird zum Feldweg, führt in den Wald hinein und überquert den Mühlenbach. An der Waldwegkreuzung fahren wir rechts. Es geht durch den Wald und an einer Wegeinmündung nach rechts.

SCHLOSS GÜLDENSTEIN Und dann taucht Schloss Güldenstein mitten im Wald auf. Die von Wasser umflossene Anlage ist heute im Besitz der herzoglichen Familie Oldenburg. Wir rollen in die Anlage hinein, vor dem Hofplatz des Herrenhauses nach links und biegen rechts in die Waldstraße ein. Wir bleiben geradeaus bis Lensahnerhof, biegen nach links ab auf einen schmalen Sandstreifen neben dem Kopfsteinpflaster. An der Eutiner Straße angekommen, nehmen wir nach links den Radweg zurück zu unserem Ausgangpunkt.

DIE GRÖMITZRUNDE Am Bahnhof vorbei – wenn wir hier starten: nach links – überqueren wir die Gleise und rollen am Ortsausgang in die zweite nach rechts Richtung Manhagen. Dort teilt sich unser Weg nun zur Runde: An der Straßenteilung fahren wir rechts und hinter Sievershagen an der Einmündung ebenfalls rechts. Die Straße macht später einen Linksknick und führt uns nach Brenkenhagen. Wir queren die Hauptstraße und fahren in einem Halbrund durch das Dorf. Zurück an der Hauptstraße nach Grömitz biegen wir hinter der Unterführung rechts auf den Radweg ein, dem wir bis in die Einmündung in die B 501 folgen. Hier kurz nach links geschwenkt und dann gleich hinter der Tankstelle rechts auf einen versteckten Weg kommen wir der Ostsee näher.

Das Torhaus von Gut Petersdorf bei Lensahn

IM GETÜMMEL VON GRÖMITZ Nach einem Linksknick mündet der Weg in eine Straße, die wir rechts bis zur Kreuzung herunterfahren. Geradeaus geht es zur Promenade. Unsere Runde jedoch geht nach links auf den Landesschutzdeich, auf dem wir für 2,5 Kilometer dahinrollen. In Lensterstrand fahren wir links vom Deich herunter auf den großen Parkplatz und vermeiden so eine spätere Treppe.

LANDSCHAFT MIT FEUCHTWIESEN Hinter dem Parkplatz biegen wir nach links in den Lensterweg ein und können dann direkt hinter den großen Campingplätzen nach rechts auf einen lauschigen Weg einbiegen, der uns in die schöne Landschaft feuchter Wiesen bringt. Vor einem Brückchen biegen wir nach links ins Landesinnere und halten unsere Richtung. An der Einmündung auf Asphalt

Tipp

OSTHOLSTEIN-ERFAHRUNG

Wer noch Zeit übrig hat, hat gegenüber dem Bahnhof Lensahn Gelegenheit, den Museumshof Lensahn zu besuchen.
Im Sommerhalbjahr von Di–So 10-18 Uhr, www.museumshof-lensahn.de

biegen wir nach rechts ab und wenden uns in der Sackgasse zu einem Wanderweg nach links, der zum Pfad wird.

IM KLOSTER CISMAR Ein Wegeabzweig nach rechts über ein Brückchen bringt uns zum Klosterareal Cismar. Wenn von rechts ein Weg dazu kommt, fahren wir links mit Schwung hoch und sind schon auf dem Ringwall des Klostergrabens, wo 50 Meter später ein Brückchen in den Garten und damit zum **Klostercafé** führt. Ein Blick in das Innere der Klosterkirche lohnt sich.

ÜBER MANHAGEN ZURÜCK Wir verlassen das Gelände zur Hauptstraße, fahren rechts und die nächste nach links zu einem Radweg auf der linken Seite. Nach knapp einem Kilometer geht vor Cismarfelde links eine schöne Waldstraße ab. Sie mündet auf eine Asphaltstraße, die uns über Klockenhagen nach Schwienhagen leitet, wo wir rechts abbiegen. Die Straße führt uns nach Manhagen und auf bekanntem Weg zum Ausgangpunkt zurück.

INFO

TOURENCHARAKTER

Die Herrenhausrunde für eine kurze Strecke ein ruppiger Feld- und Waldweg; die Grömitzrunde kleine Nebenstraßen, Radwege und flache, feste Wege

AUSGANGS-/ENDPUNKT AUTOANREISE

Bahnhof Lensahn

GPS-DATEN

54.218779, 10.889857

AUSGANGS-/ENDPUNKT BUSANREISE

Lensahn Kirche

GPS-DATEN

54.219939, 10.884377

ANFAHRT

Mit dem X85 ab Lübeck Hauptbahnhof

ABKÜRZUNG

Nur die Runde über Schloss Güldenstein: 12 km (1 Std.) oder nur die Grömitzrunde: 31 km (2.30 Std.)

mittel | **43 km** | **141 Hm** | **3.30 Std.**

↑ Im Garten des Klostercafés → Die mächtige Kastanie im Klosterinnenhof
↓ Pausenidylle im Klostergarten ↓↘ Hausgemachte Suppen der Klosterküche

KLOSTERCAFÉ CISMAR

Das Klostercafé liegt in einem Anbau des Klosters. Umfriedet von großen Bäumen, lässt es sich im Hof und im Garten gut sitzen. Eine himmlische Ruhe breitet sich an diesem geschichtsträchtigen Ort aus.
Man sucht sich an der Kuchentheke seinen Lieblingskuchen aus und trägt dann seine Bestellung zufrieden in den Garten. Es gibt auch ein schmales, aber sehr gutes Angebot an hausgemachten herzhaften Speisen.

Bäderstraße 42, 23743 Grömitz, www.kloster-cismar.de/cafe, Ostern–Okt. Di–So 10–18 Uhr

Ostseestrand

3

AUS DER EINSAMKEIT ZU DEN STRÄNDEN

Von Oldenburg nach Neustadt

Die ersten 20 Kilometer rollen wir einsam durch die Bruchlandschaft des Oldenburger Grabens, bis wir dann immer entlang der Küste verschiedene trubelige Seebäder streifen.

WELCHER STARTPUNKT? Diese Tour beginnt in Oldenburg. Wer jedoch eine kleine Reise mit Übernachtung daraus machen möchte und sie mit der Tour 20 (Oldenburg–Schönberg–Laboe) verbinden will, startet in Neustadt.

ZEIT FÜR EINEN STADTBUMMEL? Der Bus hält am alten Bahnhof am Stadtrand von Oldenburg. Wenn wir viel Zeit haben, lohnt es sich, die wenigen Minuten einmal in das Städtchen hineinzufahren: Da gibt es viel zu entdecken. Im **Stadtcafé** auf dem Marktplatz könnten wir uns für unsere lange Tour noch einmal stärken. Das Café ist auch das Ziel, wenn wir die Tour umgekehrt fahren.

IN DIE EINSAMKEIT DER BRUCHLANDSCHAFT Unsere Route jedoch führt vom Bahnhof auf den Radweg der Umgehungsstraße, parallel zu den verwaisten Gleisen bis zu einer Unterführung, wo wir nach rechts fahren und dem geraden Weg – gesäumt von Kopfweiden – durch die üppigen Wiesen folgen. An der Wegeinmündung wenden wir uns über die Brücke nach rechts und an der nächsten Kreuzung nach links. An der anschließenden Einmündung biegen wir nach links ab und folgen dem Weg in seine Rechtskurve. Wir bleiben geradeaus, biegen später rechts in den Schönwalder Damm und dann an der nächsten Kreuzung in den Weg Schwarzer Damm ein. Auch die Radwegpfeile weisen uns den Weg. Die Route führt jetzt nach einem Rechtsknick auf ein kleines Waldstück zu.

DER WEITE BLICK Hinter einem Hof nehmen wir an einer Wegteilung den linken Zweig durch das Waldstück. Ein herrlicher Weg, der später einen weiten Blick in die Bruchlandschaft bietet. In Koselau fahren wir an der Einmündung nach rechts, an der Einmündung in die Kreisstraße links, über die Kreuzung bei Koselau Ost hinüber bis zur nächsten bei Quaal, wo wir nach links ins Dorf abbiegen und dort nach rechts. Der Asphalt endet. An der zweiten Möglichkeit biegen wir mit der Radwegweisung nach links ein. Einsame Wiesen mit wenigen Kühen darauf begleiten uns. An einer Einmündung halten wir uns rechts.

EIN TROCKENGELEGTER SEE Kurz vor Grube nach einem Linksknick und einem Brückchen nach rechts sehen wir in der Ferne ein Schöpfwerk und – wenn wir näher herankommen – eine Kunstaktion: Figuren, die einen Fischer und einen Beobachter darstellen. An dieser Stelle befand sich vor der

Tipp

OSTHOLSTEIN-ERFAHRUNG

2022 wurde der Leuchtturm Dahmeshöved grundsaniert und war nicht zu besteigen. Nach Abschluss der Arbeiten wird es wieder Führungen geben.

Der Leuchtturm Dahmeshöved

Trockenlegung des Gebiets der drittgrößte Flachwassersee Schleswig-Holsteins, der reich an Fischen war. Von hier ist es nicht mehr weit bis Grube. Wir passieren die Kirche und biegen an der Hauptstraße nach rechts und kurz danach gleich wieder nach links ab. Wir folgen dem Sträßchen und biegen an der Kreisstraße auf den Radweg nach links Richtung Dahme ein.

EIN BEKANNTER LEUCHTTURM Im Ort rollen wir an der dritten nach rechts auf die Straße, die uns durch den Ort führt und dann weiter nach Dahmeshöved bringt. Der prominente Leuchtturm ist schon von Weitem zu sehen und ist ein schönes Fotomotiv. Hinter dem Turm macht die Straße eine Rechts-links-Kurve und öffnet an der folgenden Kurve nach links einen Zugang zu einem Strandweg. Ein schöner Abschnitt an der Wasserkante folgt!

BLICK VON DER SEEBRÜCKE Wir folgen den Radwegzeichen, wenn wir nach Kellenhusen hineinkommen. Ein Ort mit moderater Bebauung und einer schönen Seebrücke. Es lohnt sich, hier einmal hinaufzuschieben und die Küste von der Wasserseite aus zu betrachten.

AUF DEM DEICH Jetzt folgt ein acht Kilometer langer, schnurgerader Weg auf einer Deichkrone, immer mit Blick auf die Ostsee oder ein Strandwäldchen. Dieser Weg führt uns am Ende hinein ins Getümmel des Ostseebads Grömitz. Wer hier keine kulinarische Pause machen will, fährt am besten gleich durch. Dafür fahren wir am Ende des Landesschutzdeichs geradeaus auf der Straße weiter. An einer Straßenteilung nehmen wir den linken Zweig und später den Radweg, der am Jachthafen an einer Kehre endet.

Durch die Bruchlandschaft des Oldenburger Grabens

Der gemütliche Strand im Ostseebad Kellenhusen

KÜSTENPFAD ODER STRASSE? Jetzt müssen wir eine Entscheidung treffen: Etwas oberhalb der Kehre gibt es nach links einen schönen Pfad auf der Uferlinie des nun folgenden Steilufers, der durch ein Wäldchen führt und dann urplötzlich an einem Drängelgitter vor einem Campingplatz mit zahlreichen Zutrittsverboten endet. Ich bin da trotzdem durch, kann das an dieser Stelle aber nicht offiziell empfehlen. Deswegen rate ich, von der Kehre die Straße hochzufahren – später auf einem Radweg –, sich oben an der B 501 nach links zu wenden und für knapp 1,6 Kilometer über Albersdorf nach Bliesdorf zu pedalieren, wo wir uns dann nach links Richtung Bliesdorf Strand wenden können. An einer Straßenteilung halten wir uns links. Wir bleiben auf der Straße, die nach einer Kurve an einer riesigen Campinganlage endet.

EIN SCHÖNER UFERWEG Links tut sich ein kleiner Weg auf, der uns zum Küstenpfad an der Uferkante führt: ein schöner Weg, der bald wieder auf ein Wäldchen trifft. Hier halten wir uns kurz rechts, bevor wir nach wenigen Metern links den Weg in das Wäldchen hinein entdecken. Vorsicht: Auf den ersten Metern gibt es einige Baumwurzeln und eine Rinne. Aber danach lässt sich der breite Weg sehr gut fahren. Wir biegen nicht nach rechts ab und sind nach 600 Metern wieder aus dem Wäldchen heraus. Nun wird es nett: Wir bleiben für lange Zeit an der Uferkante. An einer kleinen Siedlung landen wir auf einem Parkplatz. Wir halten unsere Richtung und finden den Weg zwischen Wäldchen und Häusern.

DIE PROMENADE VON RETTIN BIS PELZERHAKEN Vor einem nächsten Campingplatz werden wir auf einem schmalen Weg zwischen Zäunen zur wunderbar ausgebauten, breiten Uferpromenade von Rettin und später Pelzerhaken geführt. Hier lässt es

INFO

TOURENCHARAKTER
Flache Streckentour, zuerst auf einsamen Wegen. An der Küste wenige Straßen, Uferwege, Promenaden, ein Deichkronenweg und einige wenige Waldwege

AUSGANGSPUNKT
Oldenburg in Holstein, Bahnhof

GPS-DATEN
54.284341, 10.882198

ENDPUNKT
Bahnhof Neustadt in Holstein

ANFAHRT
Von Lübeck mit dem Bus X85 nach Oldenburg; fährt stündlich

RÜCKFAHRT
Mit RB85 zurück nach Lübeck; fährt stündlich

ABKÜRZUNG
keine

VARIANTEN
Als 2-Tages-Tour mit Start in Neustadt und Fortsetzung mit Tour 20

leicht | 52 km | 225 Hm | 4.30 Std.

sich herrlich dahinrollen, immer mit Blick aufs Meer. In Pelzerhaken angekommen, haben wir die Wahl wie bei der Neustadtrunde – nur in umgekehrter Richtung. Ab dem Platz, wo ein Radfahrverbotsschild steht, wenden wir uns rechts, fahren an der Einmündung links und fahren aus Pelzerhaken hinaus. Nach Passieren eines riesigen Zeltplatzes und Überquerung der Saalbeeck nehmen wir links den Weg wieder hinunter zum Strand.

IN DIE NEUSTÄDTER HAFENBUCHT Danach ist es wieder schön: Wir passieren das Cap-Arcona-Denkmal und rollen jetzt immer dem Weg folgend auf unser Ziel, den Neustädter Hafen, zu. Es geht in der Bucht noch ein wenig auf und ab, bis wir dann am Hafenbecken auf die Brücke treffen, die das sogenannte Binnenwasser von der Hafenbucht trennt. Hier steht auch Klüvers Brauhaus, wo ich es mir nicht nehmen lasse, jetzt am Ende der Tour zur Erfrischung von dem herrlichen Bier zu kosten, das hier im Brauhaus in dekorativen Braukesseln gebraut wird.

Zum Bahnhof fahren wir über die Brücke, an der nächsten links und bald wieder nach rechts. Der Zug fährt stündlich und bringt uns nach Lübeck.

STADTCAFÉ OLDENBURG

Ob wir nun von Neustadt nach Oldenburg als Ziel touren oder hier erst anfangen: Das Stadtcafé ist eine schöne Location, um Erholung zu tanken. Es ist täglich geöffnet und neben dem großartigen Tortenangebot werden herzhafte Speisen und Frühstück angeboten – vom Einfachfrühstück bis zur Schlemmervariante; dazu gibt es einen preiswerten Mittagstisch. Man sitzt etwas erhöht unter Bäumen und blickt auf den schönen Oldenburger Marktplatz, dessen Anblick nur durch die vielen geparkten Autos getrübt wird. Nach hinten heraus gibt es auch noch eine lauschige Terrasse.

Markt 8, 23758 Oldenburg in Holstein, www.stadtcafe-oldenburg.de, tgl. 9–17 Uhr

↑ Das Stadtcafé am Oldenburger Marktplatz
↗ Frühstück: ein guter Start für unsere schöne, lange Tour
↓ Viel los auf dem Oldenburger Marktplatz

VOM BINNENLAND ZUR KÜSTE

Von Eutin über Travemünde nach Lübeck

Auf dieser Tour geht es erst durch ruhige Landschaft, bis wir dann in den Trubel der bekannten Seebäder kommen. Ein Stück spektakuläre Steilküste führt uns nach Travemünde. Unser Abschluss ist Lübeck: Diese Stadt ist auf jeden Fall einen Streifzug wert!

4

Der idyllische Hafen von Niendorf

AM KLEINEN EUTINER SEE Wir biegen an der Ampel des Parkplatzes am Bahnhof Eutin nach links auf die Elisabethstraße und schwenken 300 Meter nach einem Gitter an der rechten Seite auf eine kleine Zufahrt hinunter zum Kleinen Eutiner See. Nach links auf dem Uferweg passieren wir hinter einer Brücke nach rechts ein Schulgelände und folgen dort weiter dem lauschigen Uferweg. Am ersten Abzweig fahren wir links hoch, halten auf einem kleinen Platz unsere Richtung, überqueren eine Verbindungsstraße, und biegen an der nächsten Querstraße rechts (Meinsdorfer Weg) auf einen Radweg ein.

DIE STILLE AM BARKAUER SEE In Groß Meinsdorf folgen wir dem Schild nach links Richtung Bockholt. Außerhalb des Orts kommt rechts ein Abschneider: ein Feldweg Richtung Fassensdorf, der aber etwas ruppig ist. Wer diesen Weg nicht will, folgt weiter dieser schönen Straße nach Bockholt, biegt vor dem Ort scharf nach rechts und im Ort an der Straßengabelung nach rechts Richtung Fassensdorf ab. **Dies ist der Punkt, wo sich Tour 5 von uns trennt.** In Fassensdorf geht es an der Einmündung nach links abwärts in eine Senke, wo nach 150 Metern rechts ein kleiner Weg (500 m) zum Barkauer See geht. Der ist etwas ruppig, lohnt aber die Mühe: An der alten Badestelle sind wir mitten im Naturschutzgebiet und blicken von einer Bank auf den See und genießen die Stille. Wieder zurück an der Straße, setzen wir unsere Richtung fort, überqueren die Bahngleise und biegen weit hinter dem Waldstück nach rechts auf eine Feldstraße (Ottenbrücke) ab. Wir sind in herrlichster, ostholsteinischer Knicklandschaft!

ZUM PÖNITZER SEE Wir überqueren die Straße Süseler Moor und in Woltersmühlen wieder die Bahngleise, halten unsere Richtung und knicken 800 Meter später mit der

Auf der Brücke über die Schwartau

Straße nach links ab und queren dabei noch einmal die Bahngleise. An der viel befahrenen Landstraße angekommen, fahren wir kurz nach rechts und gleich wieder links auf die schöne Straße nach Pönitz am See. An der Einmündung biegen wir nach rechts und an der folgenden Kreuzung mit der B 432 auch nach rechts ab. 700 Meter später nach links nehmen wir den kleinen Fischerweg zum Uferweg um die Ostseite des Großen Pönitzer Sees: ein schöner Abschnitt!

DURCH EINEN BUCHENWALD ZUR KÜSTE Wir verlassen den See am Linksknick bei der Badeanstalt, überqueren die Straße und fahren in den Buchenwald hinein mit dem verschwiegenen Mückensee auf unserer linken Seite. Die Waldstraße bringt uns in ihrem geschwungenen Verlauf zur Küste hinunter. Hinter der Autobahn wenden wir uns an der Straßenteilung nach links, unterqueren die Bahngleise und fahren an der

Tipp

OSTHOLSTEIN-ERFAHRUNG

In Travemünde kann man mit der Fähre auf den Priwall übersetzen und den schönen Sandstrand zum Baden und Entspannen genießen.

Einmündung rechts in den Speckenweg, der uns über die Umgehungsstraße hinweg bis an den Rand des Kurparks bringt.

VON SCHARBEUTZ DURCH DIE SEEBÄDER Wir biegen rechts in die Seestraße. Wer jetzt genug vom Radeln hat, kann der Straße zum Bahnhof folgen. Alle anderen fahren links in den Badeweg, der uns zur Strandallee parallel zur Ostseeküste bringt, wo wir uns nach rechts wenden. Wir folgen der Strandallee am Niendorfer Hafen vorbei bis Timmendorf auf einem schönen Radweg. Auf der Promenade ist das Radfahren leider verboten.

DER HAFEN VON NIENDORF Der Hafen in Niendorf ist ein stimmungsvoller Ort. Wer Appetit auf ein Fischbrötchen hat, wird hier fündig. Auf der Promenade habe ich keine Verbotsschilder gesehen. Hinter dem Hafenbecken geht es nach links und dann mit Rücksicht auf die Spaziergänger entlang der Uferlinie. Am Ende der Promenade an einem halbrunden Platz schwenken wir zurück auf die Straße und folgen ihr 500 Meter bis zur Steiluferallee, die uns mit einem Linksschwenk zur Steilküste bringt.

AM BRODTENER UFER Jetzt beginnt ein Prachtstück: der Weg auf dem Brodtener Hochufer, der uns immer an der Kante der Steilküste bis nach Travemünde bringt. Wir biegen nicht nach rechts ab. Am Ende des Steilufers kommen wir auf die breite Promenade des Seebads Travemünde.

IN TRAVEMÜNDE Zum Bahnhof Travemünde geht es hinter dem Atlantic Grand Hotel nach rechts. Für unser Schlemmerziel

↓ Frühlingserwachen auf dem Brodtener Steilufer

↘ Blick aufs Wasser vom Brodtener Ufer

Die Flaniermeile »Vorderreihe« in Travemünde

jedoch fahren wir durch bis zur Travemündung, dort rechts und nach 600 Metern auf der Uferpromenade zur Fußgängerstraße Vorderreihe, wo sich ein Café und Restaurant an das andere reiht. Unser Ziel ist das **Café Niederegger** mit der Hausnummer 56.

NOCH NACH LÜBECK? Wer jetzt noch Lust hat, 23 weitere schöne Kilometer zu fahren, kann nach Lübeck durchstarten. Dazu rollen oder schieben wir die Promenade Vorderreihe bis zum Ende und folgen der Straße immer geradeaus, die jetzt etwas vom Ufer zurückgezogen verläuft.
Nach etwa einem Kilometer – kurz vor der Schranke der Industriehafenzone – biegen wir nach rechts in die Unterführung der Bahnlinie ein. Nach Erklimmen der gegenüberliegenden Rampe biegen wir zweimal nach links in die Ivendorfer Straße ab und danach gleich wieder links. Der Rönnauer Weg bringt uns in die grüne Spur. Spätestens nach der Überquerung der Autobahn sind wir wieder in schönster schleswig-holsteinischer Hügellandschaft. Die Felder dehnen sich bis zum Horizont. Fünf Kilometer folgen wir dieser einsamen Straße bis zum Dorf Kreuzkamp.

WIEDER DURCH WALD Hier biegen wir rechts ab und in die zweite nach links. Wir passieren zur Rechten ein Waldstück und Seen zur Linken. An der ersten Möglichkeit biegen wir nach links in die Straße Tiefende ein. Jetzt wird es etwas knifflig: Kurz hinter der Straße Am Rugenberg suchen wir einen Pfad, der versteckt hinter der Baumreihe parallel zur Straße Tiefende geht. 380 Meter folgen wir dieser schmalen Spur, bis wir einem weiteren Pfad nach rechts folgen, der kurz danach zu einem breiten Weg wird. Dieser bringt uns immer geradeaus durch dieses schöne Waldstück bis zur Bruhnstraße. Hier halten wir uns links, gelangen zu einem Weg unter der Autobahn hindurch und danach durch eine Siedlung zur Hauptstraße Dänischburger Landstraße.

AN DER TRAVE Hier rechts und die nächste links kommen wir zu einem Bahnübergang, hinter dem uns nach rechts parallel zur Bahn ein wunderschöner Weg mit herrlichen Ausblicken zum Traveufer Richtung Lübeck bringt (4 km). Jetzt ist es nicht mehr weit bis zum Bahnhof; aber wir müssen durch Gewerbegebiete. Am Ende des Wegs biegen wir nach links und sofort mit der Straße nach rechts ab. Später an der Gabelung überqueren wir nach links auf einer Brücke Gleise und fahren dahinter nach rechts. In einer Rechtskurve – wiederum Gleise überquerend – finden wir gegenüber einen Radweg parallel zu den Gleisen. Später auf der anderen Seite der Gleise halten wir unsere Richtung. Links werden wir vom Stadtgraben flankiert. Nach einem Linksknick endet der Weg bei einer Seniorenresidenz und mündet nach rechts in eine Straße, die uns in Geradeausrichtung direkt zum Bahnhof führt.

INFO

TOURENCHARAKTER
Streckentour auf kleinsten Straßen und Wegen, leicht gewellte Landschaft, in den Seebädern Straßen mit Radweg

AUSGANGSPUNKT
Bahnhof Eutin

GPS-DATEN
54.135449, 10.609254

ENDPUNKT A
Bahnhof Travemünde (40 km)

ENDPUNKT B
Bahnhof Lübeck (63 km)

ANFAHRT
Mit RE83 und RB84 von Lübeck oder Kiel nach Eutin

RÜCKFAHRT
Mit RB86 von Travemünde nach Lübeck, dort ggf. mit RE83 zurück nach Eutin

ABKÜRZUNG
Mit RB85 ab Scharbeutz nach Lübeck, dort ggf. mit RE83 zurück nach Eutin (26 km)

leicht | 63 km | 250 Hm | 5.30 Std.

↑ Die Qual der Wahl am Tortentresen ↘ Der Klassiker: die Lübecker Nusstorte
↓ Blick vom Café auf die Trave

CAFÉ NIEDEREGGER

Spätestens am Ziel in Travemünde wird sich der Radler schier erschlagen fühlen von der Vielfalt der Einkehrmöglichkeiten und wird Schwierigkeiten haben, sich zu entscheiden. Auf der Straße Vorderreihe reiht sich ein Café und ein Restaurant an das andere! Fast einen Kilometer lang ist diese etwas zurückgezogene Promenade mit Blick aufs Wasser.
Ich jedoch habe keine Schwierigkeiten, mich zu entscheiden: Ich nehme den Klassiker! Schon seit Jahrzehnten bin ich dem Café Niederegger treu. Und zwar wegen der Lübecker Nusstorte: ein eher schlichtes Gebäck, bestehend aus feinem Wiener Biscuitboden, Nusssahne und einer Marzipandecke. Ich probiere überall diese Kreation; doch nirgendwo ist sie so gut wie bei Niederegger. Der Trick ist, dass die dezente Nusssahne nicht gesüßt ist und nur zusammen mit dem exzellenten Marzipan dieses vollendete Geschmackserlebnis bietet.
Ich lasse mir die Nusstorte nie entgehen. Da sitzt man dann unter den Sonnenschirmen, blickt aufs Wasser und das Treiben, die Möwen kreischen und man schwelgt! Aber natürlich gibt es in dieser exquisiten Konditorei noch viele, viele andere hervorragende Tortenkreationen. An Salzigem gibt es das übliche, schmale Caféangebot.

Vorderreihe 56, 23570 Lübeck, www.niederegger.de, tgl. 9–18 Uhr

Eine überwältigende Aussicht vom Gömnitzer Berg

5

EINE VORMITTAGSTOUR

Von Eutin nach Neustadt

Auch diese eher kurze Tour macht uns bekannt mit der Topografie Ostholsteins: Seen, saftige Wiesen, weite Felder, kurze, aber knackige Steigungen, Küste und ein Touristenhotspot.

BEGINN WIE TOUR 4 Wir folgen für ca. sieben Kilometer der Tour 4 bis zum Dorf Bockholt. Im Dorf biegen wir an der Gabelung nicht nach rechts, sondern links ab und bleiben dann geradeaus, überqueren die Bahnlinie sowie die B 76 und gelangen nach Röbel.

EIN RADWEG IN HERRLICHSTER LANDSCHAFT In Röbel bleiben wir auf dieser gewundenen Straße durch den Ort und fahren weiter bis nach Bujendorf auf einem herrlichen Radweg, der meist abgetrennt von der Straße verläuft. In Bujendorf halten wir die Richtung und biegen erst hinter dem Dorf nach links ab. Jetzt geht es aufwärts, denn wir machen einen Schlenker zum Gömnitzer Berg und Turm.

ZUM GÖMNITZER TURM An der Einmündung fahren wir rechts durch Gömnitz und an der nächsten Möglichkeit wieder rechts. Links von uns liegt der Berg, auf den eine Treppe hinaufführt. Wir können aber noch ein Stück vorfahren und links über den Hof den Berg hochfahren. Am Gatter parken wir die Räder und gehen die letzten paar Meter zu Fuß. Ein herrlicher Rundumblick auf Ostsee und Hinterland erwartet uns. Man kann den Turm im Inneren auch erklimmen; aber

Tipp

OSTHOLSTEIN-ERFAHRUNG

Der Gömnitzer Turm auf dem 94 Meter hohen Berg ersetzte 1826 eine riesige Eiche – Major genannt –, die als Seezeichen diente. Der Turm steht unter Denkmalschutz und dient in heutigen Zeiten als Aussichtsturm.

Im Hafen von Neustadt liegen immer viele Schiffe vor Anker.

es gibt nur schießschartenartige Fenster. Dieser Turm war früher eine wichtige Landmarke für die Schifffahrt auf der Ostsee.

ABWÄRTS NACH NEUSTADT Zurück auf der Straße fahren wir an der folgenden Einmündung nach links: Die Straße bringt uns bis in die Vororte von Neustadt zu einem Kreisel. Jetzt machen wir noch einen kleinen Schlenker: Gegenüber dem Kreisel fahren wir die Straße durch das Gewerbegebiet hoch und biegen nach links in den Holmer Weg (zweite links) ab, überqueren die Bahnlinie und schwenken nach links in die Straße Am Holm ein.

MARITIMES NEUSTADT Schon bald erblicken wir Neustadts maritime Seite: Jachtwerften und eine große Marina. Kurz vor einem erneuten Gleisübergang nehmen wir einen Weg nach rechts parallel zum Stadtgleis der Bahn. An dessen Ende sind wir schon auf der Rückseite des Bahnhofs. Für unsere Einkehr biegen wir links ein und fahren an der Hauptstraße nach rechts über die Brücke. Dort liegt das **Klüvers Brauhaus** am Kai.

Zurück zum Ausgangspunkt kommen wir mit der Bahn mit Umsteigen in Lübeck oder – noch schneller – in 25 Minuten mit dem Bus 5518.

INFO

leicht | 23 km | 52 Hm | 2 Std.

TOURENCHARAKTER

Streckentour auf Radwegen und kleinen Nebenstraßen, eine kräftige Steigung Richtung Gömnitz

AUSGANGSPUNKT

Bahnhof Eutin

GPS-DATEN

54.135449, 10.609254

ENDPUNKT

Bahnhof Neustadt in Holstein

ANFAHRT

Mit RE83 und RB84 von Lübeck

RÜCKFAHRT

Mit RB85 nach Lübeck und ggf. umsteigen nach Eutin. Alternative: Bus 5518 in 25 Min. nach Eutin

ABKÜRZUNG

Keine

↑ Die Braukessel in Klüvers Brauhaus ↘ Deftige, norddeutsche Speisen: natürlich Fisch in allen Variationen ↓ Genießen mit Hafenblick

KLÜVERS BRAUHAUS

An Klüvers Brauhaus kommt man nur schwer vorbei! Es liegt direkt am Radweg, auf dem jeder Radfahrer vorbeikommen muss: am Hafen kurz hinter der Brücke, an der Engstelle, die die Bucht vom Neustädter Binnenwasser trennt.

Das Brauhaus lockt mit seinen Außenplätzen direkt am Wasser, dem Hafen und den Schiffen darauf: ein traumhafter Platz! Im sehr schön dekorierten, geräumigen Innenbereich glänzen die Braukessel für das hausgebraute Bier. Wenn man das Kellerbier – durstig vom Radeln – einmal probiert hat, ist man verloren: so lecker, so süffig! So schnell kommt man hier nicht mehr weg! Und wenn dann der Hunger kommt, kann man zwischen einer Unzahl an deftigen, norddeutschen Speisen wählen – und das in großen, sogenannten »Fischerportionen«!

Schiffbrücke 2–4, 23730 Neustadt in Holstein, www.kluevers.com, tgl. 11–21 Uhr

Ein Schiff der 5-Seen-Fahrt
von Malente nach Plön (Tour 8)

HOLSTEINISCHE SCHWEIZ

(Nicht nur) sanfte Hügel
und viele verschlungene Seen

Großer Rundumblick vom Elisabethturm auf dem Bungsberg

6

DEN GIPFEL STÜRMEN

Eutin Bergrunde

Diese Tour heißt Bergrunde, weil es – zumindest gefühlt – sehr lange bergauf geht. Aber so erreichen wir auch die höchste Erhebung Schleswig-Holsteins, den Bungsberg, mit einem tollen Ausblick. Über einsame Waldstraßen geht es dann zurück nach Eutin.

BEGINN WIE TOUR 7 Der Anfang ist mit Tour 7 identisch und dort nachzulesen. Am Ende des Uferwegs des Großen Eutiner Sees schwenken wir auf den Radweg an der L 57 nach Kasseedorf ein und biegen an der zweiten Straße nach links Richtung Stendorf ab.

HERRSCHAFTLICHES GUT STENDORF Es geht hinunter zur Schwentine an Kiesgruben vorbei. An der Einmündung biegen wir rechts ab, wo das Gut Stendorf schon in Sichtweite kommt. Ein Blick in den inneren Bereich lohnt sich. Weiter hinten blitzt der Stendorfer See auf. Unser Weg jedoch geht vorher nach links und dann an der Gabelung wiederum nach links Richtung Bergfeld. Nomen ist hier Omen: Es geht fast vier Kilometer bergauf!

ZUR HÖCHSTEN ERHEBUNG In Bergfeld fahren wir nach rechts auf den Radweg an der L 178, bis es nach einem Kilometer links zum Bungsberg geht. Wir radeln in einen waldigen Abschnitt hinein. Die zweite Waldstraße (Einbahnstraße) nach links führt zum Gipfel hinauf. Oben auf dem Plateau treffen wir auf ein Restaurant, ein Ausstellungshaus und einen Turm, der öffentlich zugänglich ist und von oben einen tollen Überblick bietet. Zum wirklich höchsten Punkt allerdings geht es vorher nach rechts über eine Wiese. Oben in einem buschigen Rund mit einem Gipfelstein ist der Blick ganz unverstellt und reicht bis zur Ostsee und über die schöne, hügelige Landschaft.

DURCH EINSAME LANDSCHAFT Nach unserer Pause hier auf dem Berg führt uns die Einbahnstraße wieder hinunter. Unten an der befestigten Straße biegen wir links ein und rollen an der Einmündung in die L 216 nach links nach Mönchneversdorf. Rechts liegt der kleine See. Wir biegen kurz danach nach links in den Kirchnücheler Weg ein, der später zur Waldstraße wird. An einer Gabelung biegen wir nach rechts in ein Waldstück ein, folgen dem Weg, der hinter dem Wald bei Kirchmühl in einen Betonplattenweg übergeht. Auf dem lässt es sich herrlich dahinrollen. Noch einmal haben wir herrliche Aussichten, wenn wir auf Kirchnüchel zuhalten.

Tipp

OSTHOLSTEIN-ERFAHRUNG

Auf dem 168 Meter hohen Bungsberg steht der Elisabethturm: ein 22 Meter hoher Aussichtsturm, gebaut um 1864 mit einer wunderbaren Aussicht. Noch höher ist die Aussichtsplattform des danebenstehenden Fernmeldeturms, der auch der Öffentlichkeit zugänglich ist

BESICHTIGUNG IN KIRCHNÜCHEL? Wir überqueren gleich die Verbindungsstraße und fahren gegenüber auf einer Waldstraße Richtung Sagau. Vorher jedoch lohnt es sich, im kleinen Ort oben auf dem Hügel die von einem Friedhof umgebene schöne Kirche zu besichtigen. Auch einen Blick durch das Gutstor können wir erhaschen.

IM VERSTECKTEN SAGAU Am Ende der Waldstraße treffen wir auf die von Bergfeld kommende Straße und fahren geradeaus weiter. Am Ortseingang von Sagau schwenkt die Straße nach links und durchquert den Ort in einem Bogen. Ein kleines Extra wäre eine Abkürzung auf einem grasbewachsenen Pfad nach rechts, der sich bald hinter der Linkskurve auftut. Wenn man den nimmt, hat man noch einmal einen schönen Blick auf den Sagauer See. Immer geradeaus kommen wir wieder auf die Dorfstraße und biegen im Dorf auf die Straße Zum Moorberg nach rechts ab. Die verläuft geradeaus und führt in einen Wald.

DURCH WALD ZUM SEE Nach zwei Kilometern an einer Einmündung im Wald biegen wir nach links ab, folgen der Waldstraße und fahren an der folgenden Gabelung rechts. Die Straße führt aus dem Wald heraus, ist später befestigt, dabei aber verkehrsfrei, und bringt uns 2,5 Kilometer weiter nach Fissau hinein. An der Einmündung in die Dorfstraße fahren wir – etwas nach rechts versetzt – gegenüber auf der unbefestigten Straße namens Grüt mit ihren schönen Häusern weiter. Später kommen wir zurück an die Dorfstraße, biegen links ein und 60 Meter später links auf die Sandstraße, die später zum Wanderweg in die Auen der Schwentine wird.

WIEDER AN DER SCHWENTINE Später überqueren wir die Schwentine auf einer Brücke, folgen dem Weg und biegen später links ein auf einen Wanderweg entlang des Großen Eutiner Sees. Wir halten unsere Richtung, flankieren den Kurpark und erreichen die Stadtbucht, die wir umrunden und dann vor dem Schloss nach rechts hochfahren. Oben halten wir auf die Kirche zu, wo uns ein Fußweg zum großen Marktplatz führt, wo auch unser Einkehrziel – das **Brauhaus Eutin** – liegt. Durch die Peterstraße kommen wir zurück zum Bahnhof.

INFO

TOURENCHARAKTER
In der ersten Hälfte anstrengende Rundtour; Parcours auf Wanderwegen, kleinen Straßen und Waldstraßen

AUSGANGS-/ENDPUNKT
Bahnhof Eutin

GPS-DATEN
54.135449, 10.609254

ANFAHRT
Mit RB84 und RE83 von Lübeck oder Kiel

ABKÜRZUNG
In Bergfeld noch vor der Landstraße nach links Richtung Freudenholm

mittel | 33 km | 416 Hm | 3.30 Std.

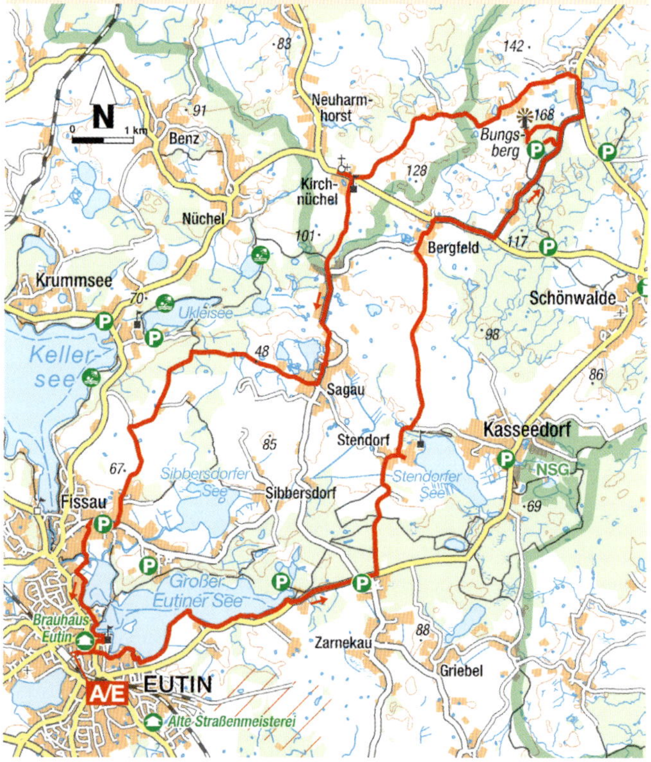

↑ Passend zu den Braukesseln: viel Kupfer auch am schönen Tresen im Eutiner Brauhaus
↘ Typisch norddeutsch: Matjes
↓ Flammkuchen: inzwischen überall heimisch

BRAUHAUS EUTIN

Auf dem großen, barocken Marktplatz Eutins liegt an der Stirnseite – im Schatten der Kirche – das Brauhaus Eutin. Ein nicht zu übersehender Bau mit vielen Außenplätzen, die man ab 2023 wieder ungestört genießen kann, wenn die Bauarbeiten zur Verschönerung des Platzes abgeschlossen sein werden. Aber auch in den großen, schönen Innenräumen und der hinteren Terrasse sitzt es sich sehr gut. Dies ist ein echtes Brauhaus: Hier wird das leckere Eutiner Bier gebraut, das den inzwischen durstigen Radler sicher besonders gut mundet. Am Ende einer Tour lasse ich mir die Erfrischung eines Tafelbiers nie entgehen. Und für den Hunger gibt es all die für ein norddeutsches Brauhaus typischen Speisen. Sollten wir das Glück haben, eine Themenwoche erwischt zu haben, kann es auch zum Beispiel einmal süddeutsch werden …

Markt 11, 23701 Eutin,
www.brauhaus-eutin.de, tgl. 11–22 Uhr

IDYLLEN MIT BADEN

Eutin Seenrunde

Bei dieser Tour darf man kein flaches Gelände erwarten: In der Mitte gibt es knackige Steigungen. Aber ich kann versprechen: Die Landschaft ist Idylle pur, die selbst die Maler der Romantik schon begeistert hat. Und wer erhitzt ist, kann sich wunderbar in den Seen abkühlen!

7

Ententeich nahe dem Ukleisee

Am Kellersee in Fissau

IN DEN SCHLOSSPARK Wir wenden dem Bahnhofsgebäude Eutin den Rücken zu und rollen an der Fußgängerampel hinüber zur Peterstraße durch das Haus mit den blauen Säulen, die uns – zuerst als Passage – zum Marktplatz führt. Dort am Ende angekommen queren wir die Lübecker Straße etwas nach links versetzt zum Doktor-Evers-Gang. Dieser führt uns direkt zu einem Eingang des Schlossparks. Wir bewundern das Schloss, das wir auf unserer Rückkehr noch eingehender ansehen werden. Im Park nehmen wir den rechten von zwei gewundenen Wegen, queren ein Brückchen, folgen ihm an der Mauer der alten Gärtnerei entlang und rollen bei einem kleinen Teich über eine weitere weiße Holzbrücke. In diesem Teil des Parks finden im Sommer die Open-Air-Aufführungen der Eutiner Festspiele statt.

EIN SCHÖNER UFERWEG Der Weg führt uns zum See, wo wir scharf nach rechts den Park wieder verlassen. Wir folgen der sandigen Straße, bis links der Uferwanderweg des Eutiner Sees beginnt: ein schöner, romantischer Weg mit vielen Ausblicken auf den See. Am Ende nach drei Kilometern an einer Weggabelung **(hier biegt die Zusatzrunde von Tour 8 nach links!)** halten wir uns rechts und biegen kurz vor Erreichen der Straße nach links ab. **Dies ist der Punkt, wo sich die Tour 6 von unserer Tour trennt.**

IN DIE HÜGEL Der Waldweg bringt uns etwas ansteigend zur Straße nach Sagau, der sogenannten Panzerstraße. Hier biegen wir links ein.

Wer die Tour kurz halten will, biegt an der nächsten Kreuzung Richtung Sibbersdorf nach links ab und fährt auf der Straße bis Fissau durch, wo er am Kellersee wieder auf unsere Route trifft.

Die Panzerstraße führt hinunter zur Sibbersdorfer Mühle, wo die noch junge Schwentine

Tipp

OSTHOLSTEIN-ERFAHRUNG

Im Nücheler See und im Kellersee kann man genüsslich entspannen und baden. Am Großen Eutiner See in der Fissauer Bucht gibt es ein schön gelegenes, denkmalgeschütztes Freibad, das kostenlos genutzt werden kann.

unseren Weg kreuzt. Nach einer Flussniederung geht es wieder bergauf. Wir bleiben auf dieser Straße auch im Dorf, wo es zuerst abwärts geht und dann in einem Halbrund wieder aufwärts aus dem Dorf hinaus. Links blitzt ab und zu der Sagauer See auf. Auf der Höhe in einer Rechtskurve biegen wir links von der Straße ab auf eine unbefestigte Straße Richtung Nüchel. Jetzt wird es etwas holperig. Beim Abwärtsfahren muss man vorsichtig navigieren mit der Hand an der Bremse.

EINE ROMANTISCHE BADESTELLE Wieder kommt eine Steigung, bis es nach zwei Kilometern kurz vor Nüchel links hinunter in den Wald geht. Wanderwegschilder und auch ein Schild Reitweg weisen uns die Richtung. Nun heißt es aufgepasst: Der Weg geht 300 Meter lang abwärts und ist sehr steinig: Die Hände müssen wieder an die Bremsen. Rechts von uns hat ein Bach eine tiefe Schlucht gegraben. Ein toller Wald. Kurz danach sind wir am versteckten Nücheler See mit seiner Badestelle: ein Geheimtipp! Hier haben wir uns wenigstens eine kleine Pause verdient.
Nach der Rast folgen wir dem breiten Waldweg. Wenn rechts einer dazukommt, bleiben wir auf ihm. Bald blitzt rechts weiter unten der Ukleisee auf. Mit einigen Kurven führt der Weg uns zu einer Stichstraße, deren Asphalt schon etwas in die Jahre gekommen ist.

MAGISCHER UKLEISEE Wir folgen der Straße und biegen kurz vor den ersten Häu-

Blick vom Jagdschlösschen auf den Ukleisee

Schiffsabfahrt vom Fährhaus Sielbeck

sern von Sielbeck für einen Abstecher auf den Weg nach rechts zum Jagdschloss am Ukleisee ab. Von hier oben hat man einen fantastischen Ausblick auf den tief im Wald eingebetteten Ukleisee: Diese Stelle ist ein beliebter Picknickplatz.

MAJESTÄTISCHER KELLERSEE Zurück zur Straße ist es nur noch ein kurzes Stück zum Kellersee mit seiner Schiffsanlegestelle. Der Kellersee liegt jetzt in seiner ganzen majestätischen Größe vor uns! Und: Jetzt sind wir wieder im Flachen!
Dies ist die Stelle, wo sich uns Tour 8 anschließt. Wir folgen dem wunderbaren Uferweg nach links auf der Ostseite des Sees. Bald passieren wir wieder eine breite Badestelle.

IN DEN AUEN DER SCHWENTINE Am Ende des Sees in Fissau fahren wir wenige Meter nach rechts und schwenken dann nach links auf einen Pfad an der Schwentine ein. Die Schwentine ist einer der längsten Flüsse in Schleswig-Holstein und durchfließt so viele Seen, dass sie manchmal gar nicht als Fluss wahrgenommen wird. Der Pfad an der Schwentine führt uns über eine Brücke und kurz danach hinauf zur Sielbecker Landstraße, die wir an einer Fußgängerampel überqueren. Gleich drüben auf der anderen Seite geht nach links ein Weg, der uns weiter durch die sumpfigen Auen dieses Flüsschens führt. Wenn ein Weg dazukommt, biegen wir nach rechts ab, rollen über eine Brücke auf die andere Seite des Gewässers, folgen dem gewundenen Wegverlauf und nehmen dann den ersten Weg nach links. Wir kommen wieder zum Ufer des Großen Eutiner Sees.

AM KURPARK Wir bleiben ufernah, durchrollen den Kurpark und erreichen die Stadtbucht, die wir umfahren und dann vor dem Schloss nach rechts hochfahren. (Wer jetzt beenden will, nimmt den gleichen Weg wie auf der Hinfahrt zum Bahnhof zurück.) Über die Brücke, die den Wassergraben überwindet, rollen wir kurz in den stimmungsvollen Innenhof des Schlosses. Was ab 2023 aus dem schönen Restaurant Schlossküche wird, ist zum Recherchezeitpunkt noch ungewiss. Wir könnten jetzt zurück zum Marktplatz rollen und dort einkehren (siehe Tour 6).

ABZWEIGEN ZUR RESTAURANTOASE Ich aber empfehle die Einkehr im Restaurant **Alte Straßenmeisterei**, dessen Restaurant ab 15 Uhr geöffnet hat. Dazu müssen wir 1,5 Kilometer in die Außenbezirke von Eutin pedalieren. Wir rollen vom Schloss entlang des Schlossparks geradeaus, biegen an der Einmündung nach links ab und gleich am folgenden Kreisel nach rechts. Oben – an der Ampel vor der Einmündung in eine Hauptstraße – können wir nach links auf den kombinierten Rad-Fußweg auf der linken Straßenseite wechseln. Nach 400 Metern erreichen wir die Zufahrt zum Restaurant. Zurück zum Bahnhof ist es ganz leicht: Wir fahren zurück auf der Hauptstraße und folgen ihr an der Ampel halblinks. Immer der Straße folgend erreichen wir den Bahnhof nach gut einem Kilometer.

INFO

TOURENCHARAKTER
Rundtour auf Ufer- und Waldwegen, wenige befestigte Straßen, Waldstraßen

AUSGANGS-/ENDPUNKT
Bahnhof Eutin

GPS-DATEN
54.135449, 10.609254

ANFAHRT
Mit RB84 und RE83 von Lübeck oder Kiel

ABKÜRZUNG
Über Sibbersdorf nach Fissau

mittel	24 km	164 Hm	2.30 Std.

ALTE STRASSENMEISTEREI

Wer der Einkehrempfehlung zur Alten Straßenmeisterei folgt, wird vielleicht erst einmal ein langes Gesicht machen: muss er doch aus dem schönen Zentrum Eutins in die Wüste der Gewerbegebiete an einer Hauptstraße rollen. Aber es lohnt sich: Die Alte Straßenmeisterei ist in eine idyllische grüne Oase verwandelt worden. Die schönen Innenräume konkurrieren mit den mediterranen Außenplätzen. Die Alte Straßenmeisterei ist auch ein Hotel: Deswegen hat das Restaurant glücklicherweise schon ab 15 Uhr geöffnet. Und das Speisenangebot ist eher von der gehobenen Art. Es gibt sowohl Klassiker als auch ausgefallenes Seafood. Es lohnt sich einmal auf die Website zu gucken, weil einige Positionen wie z. B. Seezunge vorbestellt werden müssen. Die Alte Straßenmeisterei ist eine Einkehr, die Freude macht und zum längeren Verweilen und Schlemmen am Ende einer Tour einlädt.

Lübecker Landstraße 55, 23701 Eutin, www.altestrassenmeisterei.de,
Mi–So ab 15 Uhr, in der Saison auch Di

↑ Die mediterrane Gartenoase der Alten Straßenmeisterei
↗ Bruschette: einfach lecker! ↘ Schön gestaltet auch der Innenraum
↓ Norddeutscher Fisch auf mediterrane Art

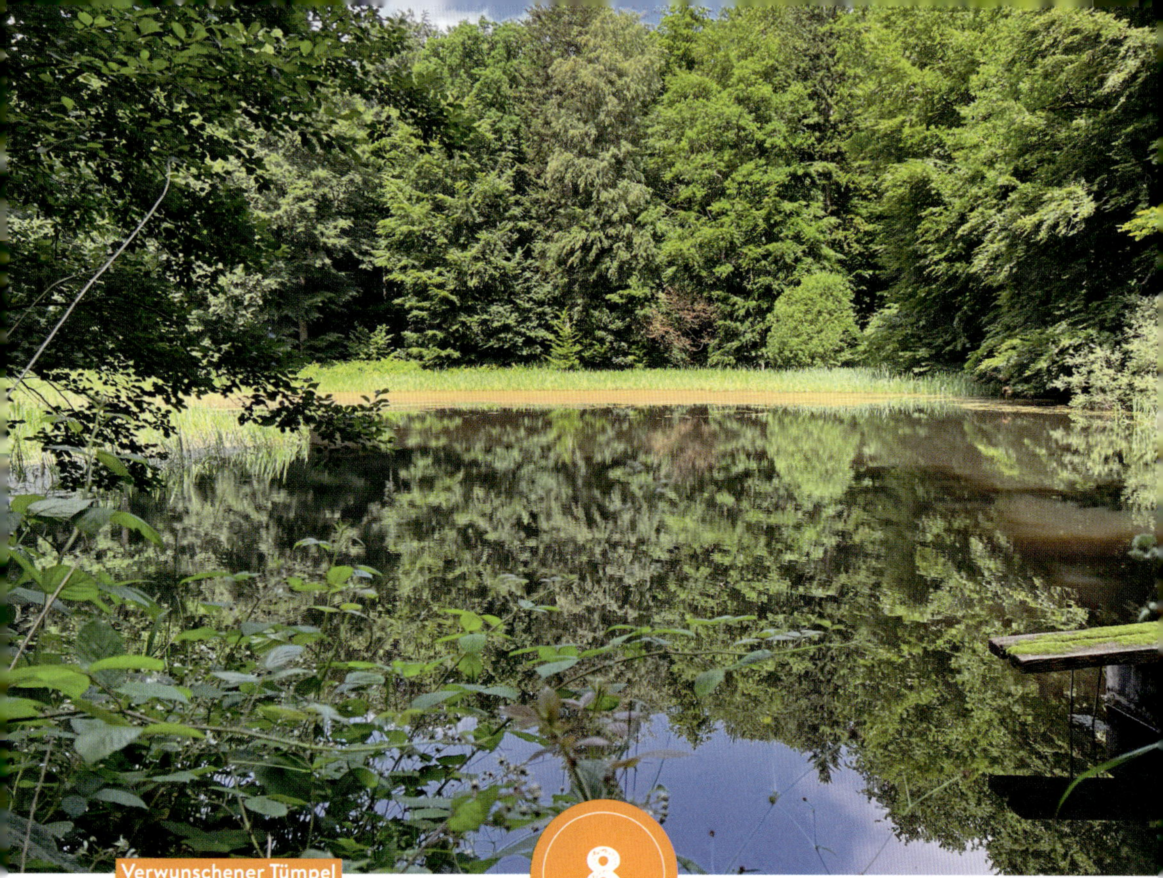

Verwunschener Tümpel im Dodauer Forst

8

DIE SEENPLATTE FÜR GENIESSER

Östliche Seenrunde

Diese Runde um den östlichen Teil der großen Seenplatte ist wunderschön und hat nur kleine Herausforderungen. Und sie kann in drei verschiedenen Längen und einer optionalen Zusatzstrecke abgefahren werden.

ZUM KLEINEN EUTINER SEE Wir biegen an der Ampel des Parkplatzes am Bahnhof Eutin nach links auf die Elisabethstraße und schwenken 300 Meter später nach einem Gitter an der rechten Seite auf eine kleine Zufahrt hinunter zum Kleinen Eutiner See, wo wir nach rechts auf den Uferweg einschwenken. Der Kleine Eutiner See ist ein Schmuckstück und wird zu Unrecht nicht beachtet. Der gut zu fahrende Uferweg ist begleitet von viel Grün. Auf der gegenüberliegenden Seite verlassen wir den See: Das ist der dritte Weg nach rechts, wo ein Radwegschild uns den Weg weist. Kämen wir aus der anderen Richtung, könnten wir es sogar lesen. Oben an der Straße biegen wir nach rechts ein und folgen ihr durch ihre Linkskurve. An der Einmündung setzen wir – etwas nach links versetzt – unsere Richtung durch die Seestraße fort. An der darauffolgenden Einmündung fahren wir nach rechts in die Braaker Straße, fahren abwärts und müssen aufpassen, dass wir noch vor der Rechtskurve den Weg nach links zu einer Brücke finden, die uns über die schnell befahrene Umgehungsstraße bringt. Auf der anderen Seite setzen wir unsere Richtung auf der Beuthiner Straße fort, passieren eine Koppel mit weidenden Alpakas und halten uns an der kommenden Gabelung am Waldrand links: Ein schöner Abschnitt auf einer Waldstraße beginnt!

DURCH EINEN GEHEIMNISVOLLEN WALD An der bald folgenden Gabelung halten wir uns wieder links und fahren an der später folgenden Gabelung auch links zu einem Weiher herunter: ein geheimnisvoller Ort. Links ist eine kleine Hütte, wo man eine Fotopause einlegen könnte. Nach der Halbumrundung des Weihers kommt wieder eine Gabelung, wo wir uns rechts halten. Zusätzlich weisen uns Radwegzeichen den Weg. An der nächsten Gabelung fahren wir links. Nun führt uns die Waldstraße aus dem Wald heraus und an Häusern vorbei zur Plöner Straße. **Hier ist der Punkt, wo die Kurztour nach rechts abzweigt.**

Für die Kurztour fahren wir die Plöner Straße nach rechts durch, bis in den Ort hinein, über die Bahngleise in die Bahnhofstraße und treffen nach der Rechtskurve am Ende in der Janusallee wieder auf den Verlauf der Langroute.

Unsere Tour geht jedoch gegenüber weiter; nun auf einem Waldweg. Waldwege links und rechts ignorieren wir; aber an einer Gabelung müssen wir uns links halten! Rechts zwischen den Bäumen blitzt schon ab und zu der Dieksee durch.

HINUNTER ZUM DIEKSEE Wir folgen dem gewundenen Lauf des Wegs und müssen aufpassen, wenn er in eine starke Rechtskurve geht: jetzt geht es rasant abwärts zum Dieksee hinunter. Wir müssen auf Sandnester und Baumwurzeln achten. Unten am

Am Behler See

↑ An der Badestelle zwischen Behlersee und Höftsee
↗ Am Anleger Timmdorf an der Schmalstelle zwischen Dieksee und Langensee

Uferweg mit dem Zaun angekommen, müssen wir scharf links und kommen bald aus dem Wald heraus. Idyllische Weiden und ein kleines Holzhäuschen für eine Rast erwarten uns. Der Weg führt uns in den Ort Niederkleveez mit seinen schönen Häusern am Ufer. Eine Straße führt uns durchs Dorf und wird bald von einem Radweg begleitet. **Am Dorfende ist der Punkt, wo die mittlere Runde nach rechts Richtung Timmdorf abzweigt.**
Für die mittlere Tour radeln wir entlang dem Timmdorfer Weg, passieren auf einer schmalen Brücke die enge Verbindung zwischen Dieksee und Langensee (eine schöne Pausenstelle!) und biegen in Timmdorf nach rechts in den Lindenweg. Damit sind wir wieder auf dem Verlauf der langen Runde.

EINE GRÜNE HALBINSEL Für die lange Tour weiter geradeaus auf dem Radweg weist uns ein grünes Radwegzeichen rechts auf einen schönen Wanderweg nach Fegetasche um eine Halbinsel herum. Wir passieren auch noch eine Bade- und Aussichtsstelle! Der Weg bleibt immer nah der Wasserkante, bis wir nach der Umrundung an einer Einmündung nach rechts über ein kleines Brückchen fortsetzen. Wir biegen noch einmal nach rechts ab und kommen zu einem Wohngebiet am Kieler Kamp, der hier sein Ende hat.

AUS PLÖN HERAUS INS GRÜNE Diesen fahren wir jetzt ganz durch bis zu seiner Einmündung in die B 76, wo wir uns auf dem Radweg nach rechts wenden für 1,5 Kilometer. Wir überqueren die Schwentine auf einer Brücke und fahren später in die dritte Straße nach rechts, die Hipperstraße. An deren Ende biegen wir nach rechts in den Steinbergweg und gleich danach an der Straßenteilung links in die Straße, die bald nur noch Steinberg heißt. Jetzt sind wir wieder in der grünen Spur. Die Straße wird zur Waldstraße, der wir folgen auf die Landenge zwischen Behler See und Schöhsee. Nach zwei Kilometern biegt der Steinberg nach rechts ab und führt in einem Bogen zu einem unbeschrankten Bahnübergang. Auf dessen anderer Seite folgen wir der Straße nach rechts, biegen weit hinter Behl in die erste rechts ab, die Straße Hohenschmark.

IN TIMMDORF An der Einmündung fahren wir rechts und hinter dem Schmarksee wiederum nach rechts. Diese Straße führt uns nach Timmdorf hinunter. Nach erneuter Überquerung der Bahngleise biegen wir in die zweite nach links, den Lindenweg. Hier kommt die mittellange Seerunde wieder dazu. Wir folgen diesem Weg parallel zu den Gleisen und der Uferlinie, bis wir an einem erneuten Bahnübergang auf die Straße auf der anderen Seite wechseln und unsere Richtung fortsetzen. Die Straße führt uns bis nach Malente hinein.

Tipp

OSTHOLSTEIN-ERFAHRUNG

Auf dem Kellersee sowie auch zwischen Malente und Plön gibt es Passagierschifffahrt (allerdings ohne Fahrradtransport). Diese könnte eine Ergänzung oder Alternative zu unseren Touren in dieser wunderschönen Landschaft sein. www.5-seen-fahrt.de/kellersee-fahrt

Wir queren die Marktstraße für einen Weg gegenüber, biegen an der Bahnhofstraße nach rechts und dann die nächste links (Janusallee), die uns zum Ufer des Kellersees führt. Hier kommt die kurze Seenrunde dazu.

AM KELLERSEE Am Ende in der Kehre wenden wir uns nach links auf einen Radweg bis zur Kellerseestraße, in die wir nach rechts einbiegen. Am Ende nach einer deut-

Die historische Badeanstalt im Großen Eutiner See

INFO

leicht | 43 km | 493 Hm | 5 Std.

TOURENCHARAKTER
Rundtouren auf überwiegend sehr schönen Rad- und Wanderwegen, Waldstraßen; zwei kurze, ruppige Gefälleabschnitte

AUSGANGS-/ENDPUNKT
Bahnhof Eutin

GPS-DATEN
54.135449, 10.609254

ANFAHRT
RE83 o. RB84 von Lübeck oder Kiel

ABKÜRZUNG
Bahnhof Malente oder Bahnhof Plön

VARIANTEN
Kurze Runde 24 km
Mittlere Runde 34 km

OPTIONALE ZUSATZRUNDE
Um den Eutiner See (9 km)

lichen Linkskurve kommt rechts unsere Zufahrt zum Kellersee und unserer Einkehr **Seehütte**.
Nach der Einkehr fahren wir die Zufahrt zurück und setzen nach rechts fort. Am Ende wird die Straße zum Fußweg, der – etwas steil – nach links abknickt und sofort danach rechts auf einen schönen Pfad mit Weitblick einschwenkt. An dessen Ende geht es nach rechts auf die Schweizer Straße, der wir folgen, bis sich nach einem Kilometer rechts wieder der Uferweg auftut. Der hat einen deutlichen Verlauf, ist aber teilweise etwas ruppig und hat auch eine Gefällestelle. Bei Sielbeck vereinigt er sich wieder mit der Straße. Wir fahren mit der Straße durchs Dörfchen. Bei der Schiffsanlegestelle treffen wir wieder auf den schönen östlichen Uferweg. Den Rest des Wegs nach Eutin können wir bei Tour 7 nachlesen.

DIE OPTIONALE ZUSATZRUNDE UM DEN GROSSEN EUTINER SEE Den Anfang lesen wir bei Tour 7. An der Gabelung biegen wir nach links und der folgenden Einmündung ebenfalls nach links ab. Es geht gerade durch und an der Einmündung nach links. Wir bleiben auf dem Weg. Wenn rechts ein Weg dazu kommt, bleiben wir links. Der Weg führt uns bis zu einer Wegekreuzung kurz vor der Badeanstalt. Hier biegen wir nach links über die Holzbrücke ab, fahren durch den Kurpark und kommen wieder zum uns bekannten Weg an der Stadtbucht.

SEEHÜTTE

Die Seehütte auf der Malenter Seite des Kellersees nennt sich Fischbrötchencafé und ist Kult. Ich wurde von mehreren Seiten darauf hingewiesen, dass es ein Muss ist, dort vorbeizuschauen. Letztlich ist es eine Bude mit einer charmanten Steganlage davor, wo man angenehm sitzen und vor sich hin träumend auf die Weite des Sees schauen kann. Auch die Paddler, die nebenan ins Wasser ein- und aussetzen, kommen zum Abschluss ihres Turns gern hierher. Sogar die Kellerseeschifffahrt legt hier an. Dann kann es auf der Bestellseite des Kiosks schon mal eine Schlange geben. Es gibt hier knackfrische Fischbrötchen – jedes à point frisch belegt –, Getränke und Blechkuchen. Der Blechkuchen ist flach und von saftigen Früchten durchtränkt – so, wie ich es am liebsten habe. Hier ist es so schön, dass man einfach sitzenbleiben möchte bis zum Sonnenuntergang ...

Kellerseestraße 52, 23714 Malente, www.fischbroetchen-cafe.de, Mi–So 11.30–18 Uhr

↑ Die Seehütte: Café mit Schiffsanschluss
↗ Alles, was der hungrige Radler begehrt
↓ Diesen schönen Platz möchte man niemals mehr verlassen ...

HÜGEL MIT WEITSICHT

Die Malente-Lütjenburg-Runde

Die Runde in einer Lang- und einer Kurzversion bringt uns in einsames, hügeliges Gelände mit einer Überraschung: ein Feldcafé auf einem Hof mit Weinanbau. Und zum Ende besuchen wir noch ein lauschiges Café in und an einer alten Windmühle – schon wieder mit Weinberg!

9

Auf dem Weg nach Lütjenburg

AM UFER DES KELLERSEES Am Bahnhof Malente biegen wir hinter den Schienen, aber noch vor dem Eiscafé nach rechts auf den Weg in das Wäldchen ein. Wir fahren eine Talkante hoch, wo bald rechts von uns die Schwentine fließt. Am Ende des kurzen Wegs wieder zwischen Häusern folgen wir der Schwentinestraße mit ihrer Kurve nach links und schwenken nach rechts in den schmalen Weg Sahlkamp ab. In die Bismarckstraße biegen wir links ein und an der Einmündung in die Lindenallee nach rechts. Unten an der Anlegestelle der Kellerseeschifffahrt haben wir einen schönen Blick auf die Weite des Sees. Wir können jetzt links auf den Uferweg einbiegen, dem wir bis in die Kellerseestraße folgen können, wo wir uns nach links wenden. An der Einmündung fahren wir rechts und an der folgenden Gabelung links Richtung Sieversdorf aus dem Ort heraus. Am Ortsende können wir auf einen Radweg schwenken. In Sieversdorf nach Überquerung der Malenter Au fahren wir nach rechts auf einen Betonplattenweg.

UM DEN NEUKIRCHENER SEE Kurz bevor dieser Weg sich wieder mit der Hauptstraße vereinigt, können wir nach rechts auf einen Pfad abbiegen. Hier müssen wir auf die Radwegweiser achten. Der Pfad führt uns durch Weiden. An einer Wegeinmündung fahren wir rechts auf einen Weg, der uns naturnah um den Neukirchener See herumführt. Wir passieren auch die Badestelle. Wieder auf der Straße, biegen wir nach links ein und dann zurück an der Hauptstraße nach rechts. Nach nur 200 Metern geht es wieder rechts und bei den letzten Häusern ebenfalls nach rechts in den Weg An der Aue.

HÖHE MIT WEITBLICK Wir kommen ein bisschen in die Höhe und haben hier in der Einsamkeit einen wunderbaren Weitblick. Sogar eine erhöhte Rastbank gibt es hier.

Die Badestelle am Neukirchener See

Dann folgen wir dem gut gewalzten Weg hinunter zum Wald und fahren mit ihm in eine Rechtskurve. An einer späteren Rechtslinks-Kurve ist es plötzlich für ein paar Meter recht steil. Oben angekommen, haben wir dann eine Abfahrt ins schöne Dorf Söhren mit dem gepflasterten Platz, dem Baum und dem Gedenkstein in der Mitte. Dies ist der Punkt, wo die Langtourer später geradeaus fahren.

ZUM FELDCAFÉ MIT WEINBERG Aber erst einmal fahren wir nach rechts hoch zur Verbindungsstraße, in die wir auf den Radweg rechts einbiegen bis nach Malkwitz hinein (2 km). In der Mitte des Dorfs ist nach links die Zufahrt zum Ingenhof, auf der wir durchfahren und am Ende auf den Weinberg und das schöne Feldcafé treffen. Nach der Einkehr fahren wir zur Straße zurück. **Die Kurztourer fahren hier nach links** und folgen der Straße bis nach Sieversdorf, wo sie

Tipp

DAS FELDCAFÉ AUF DEM INGENHOF

Auf dem Ingenhof in Malkwitz muss man mal gewesen sein. Er ist bekannt geworden durch die Vermarktung eigener Weine, die hier angebaut werden: Ein Weinberg in Schleswig-Holstein ist eine Rarität. Und das Feldcafé mit süßem Gebäck und salzigen Speisen ist direkt daneben. Das ist bei schönem Wetter nicht zu überbieten. Und sollte das Wetter etwas widriger sein, gibt es geschützte Unterstände.
Dorfstraße 19, 23714 Malente, www.ingenhof.de/cafe, Ostern–Okt.

nach links wieder auf dem Streckenverlauf des Hinwegs zurückfahren.

VON SÖHREN IN DIE STILLE Die Langtourer fahren nach Söhren zurück, biegen am Gedenkstein nach rechts ab und am Dorfausgang auch nach rechts. Ein langer, einsamer Weg mit schönen Ausblicken liegt vor uns. An einer Einmündung fahren wir links und folgen dem Sträßchen mit noch einmal einer heftigen Steigung. Sie endet an der Kreisstraße vor dem Dorf Högsdorf, wo wir rechts fahren, 300 Meter später nach links in den Abschneider Krähenbergl abbiegen, an der Einmündung in die Hauptstraße uns links halten und sofort die nächste Möglichkeit nach rechts nehmen.

EIN HERRSCHAFTLICHES GUT Jetzt befinden wir uns auf einer einsamen Feldstraße, die uns über vier Kilometer zum Gut Helmstorf am Rande von Lütjenburg bringt. Ein Naturrastplatz lockt zu einer Pause. Stille umfängt uns. Am Ende halbumrunden wir die Gutsanlage, queren auf einer Brücke die Kossau mit dem Mühlenteich und biegen in der Rechtskurve der Straße nach links auf einen Weg ab.

Im idyllischen Dorf Söhren

Versteckter Weg in den Feuchtwiesen der Malenter Au

DAS TIEFEINGESCHNITTENE KOSSAUTAL
Oben kurz vor der Umgehungsstraße müssen wir eine Entscheidung treffen. Ein Schild verwehrt uns Radfahrern den spannenden, einen Kilometer langen Weg nach links. Hier sind aber höchstens Einheimische mit ihren Hunden unterwegs. Ich bin daher langsam durchgeradelt und zweimal abgestiegen, als mir jemand entgegenkam. Man könnte auch ganz durchschieben. Hier oben stehen Informationstafeln, die die eiszeitliche Entstehung des tiefen Kossautals veranschaulichen, das sich unten entlangschlängelt.
Wer hier nicht fahren möchte, kann nach rechts auf einer Brücke über die Umgehungsstraße rollen und dann links die Straße Auf dem Kamp zum Ende fahren, den abschließenden Weg hinunter zur Unterführung der Umgehungsstraße nehmen und dann links die Straße herunterfahren und trifft dort wieder auf unsere Route.

NACH RANTZAU Unser spannender Weg endet an einem Drängelgitter an der B 430. Kurz nach links geschwenkt, dann wieder rechts in den Mühlenberg aufgefahren und an einer Gabelung den rechten Zweig genommen, kommen wir wieder in die Landschaft. Auf dieser schönen Straße rollen wir bis Wentorf, biegen an der Gabelung links ab und rollen durch bis zur Kreisstraße mit ihrem Radweg, in die wir links einbiegen. Wir sausen abwärts und können kurz vor der Bundesstraße nach rechts Richtung Rantzau abbiegen – eine Straße, die für Durchgangsverkehr gesperrt ist. Wir passieren Gut Hohenhof und fahren jetzt gleich hinunter wieder zur Bundesstraße in Rantzau. 200 Meter fahren wir auf dem Fußweg nach rechts, überqueren dann die belebte Bundesstraße für die abzweigende Straße, die bald sehr breit nach rechts abknickt: Es ist die Zufahrt zum Truppenübungsplatz Hohensasel.

HOCH ÜBER DEM KOSSAUTAL Noch vor dem Schlagbaum geht rechts unser Betonplattenweg Richtung Sasel ab, entlang des scheinbar unberührten Übungsgebiets. Er steigt zuerst steil an und verläuft dann hoch über dem Kossautal mit einer wunderbaren

Aussicht. An der höchsten Stelle ist ein kleiner Rastplatz. Es geht dann wieder abwärts, an der Einmündung links und an der nächsten vor der einsamen Bushaltestelle rechts. Der Weg führt uns wunderschön bis nach Grebin hinein.

EINE ROMANTISCHE MÜHLE Am Dorfteich halten wir uns auf dem unbefestigten Weg rechts, weiter geradeaus und in einem Bogen zur Dorfstraße. Dort fahren wir 300 Meter nach rechts, dann links in den Behler Weg und danach links in die Zufahrt zum Mühlenberg mit der Grebiner Mühle und dem **Café To'n Windbüdel**.

ZURÜCK NACH MALENTE Nach der Einkehr fahren wir zurück zur Dorfstraße, dort nach rechts Richtung Neversfelde – am Ortsausgang auf einem sehr schönen Radweg. In Neversfelde biegen wir nach links in die Straße nach Malente – jetzt auf der Straße. Dort biegen wir nach der Querung der stillgelegten Bahngleise rechts in die Marktstraße ein, die in die Bahnhofstraße mündet. Diese bringt uns zurück zum Bahnhof.

INFO

TOURENCHARAKTER
Rundtour auf einigen Hauptstraßen mit Radwegen, einsamen Nebenstraßen, Feldstraßen, Wanderwegen; zum Schluss ab Neversfelde kein Radweg mehr. Einige kurze aber anstrengende Steigungen

AUSGANGS-/ENDPUNKT
Bahnhof Malente

GPS-DATEN
54.167652, 10.550715

ANFAHRT
Mit RE83 und RB84 von Lübeck oder Kiel

ABKÜRZUNG
Kurztour (21 km)

mittel	49 km	588 Hm	4.30 Std.

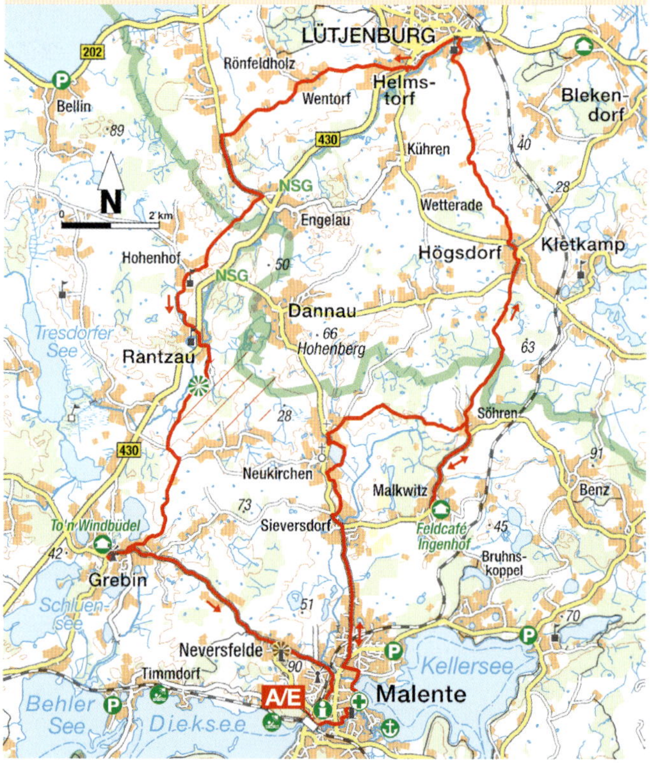

↑ Blick auf einen der nördlichsten Weinberge Deutschlands ↘ Eine üppige Schlemmermahlzeit für Süßmäuler
↓ Im Inneren der Mühle fühlt man sich wie auf einer Zeitreise. ↓↘ Die Grebiner Mühle ist ein Schmuckstück.

CAFÉ TO´N WINDBÜDEL

Zwei Einkehrmöglichkeiten konkurrieren auf unserer Tour. Ich würde keine auslassen! Beim Café in der Windmühle fühlt man sich in alte Zeiten versetzt. Und wunderbar sind die Außenplätze rund um die Mühle. Wir sind hier ja auf einem kleinen Hügel und gucken hinunter auf den Weinberg mit dem See ganz unten, der so wunderbar temperaturausgleichend auf die Trauben wirkt. Wunderschön! Und vielleicht wird ja auch gerade die Boulebahn für eine Partie genutzt. Inspiriert vom Namen des Cafés habe ich natürlich Windbeutel bestellt, die in einer Größe serviert werden, dass man sie eher als Sturmsäcke bezeichnen müsste. Eine herrliche Schlemmerpause! Es gibt auch Torten und einige herzhafte Speisen.

Behler Weg 1, 24329 Grebin, www.windbuedel.de, im Sommer tgl. 11–18 Uhr

Versteckter See an der ehemaligen Bahntrasse hinter Hohenhof

10

WEGE IN DIE STILLE

Von Malente nach Preetz

Zehn schöne Kilometer doppeln sich mit Tour 9, aber in umgekehrter Richtung. Hinter Grebin auf den Betonplattenwegen wird es einsam und wunderschön. Später fahren wir tatsächlich ein Stück auf alter Bahntrasse. Wer will, kann die Tour schon in Eutin beginnen.

OPTIONALER START IN EUTIN Für zehn zusätzliche Genusskilometer fahren wir vom Bahnhof Eutin durch das Haus mit den blauen Säulen durch zum zentralen Marktplatz. Wir verlassen ihn halbrechts zur Lübecker Straße und fahren etwas nach links versetzt durch den Doktor-Evers-Gang zum Schlosspark, vor dem wir nach links abbiegen. Am Schloss lohnt es sich, kurz den Innenhof zu besichtigen. Unser Weg jedoch geht weiter geradeaus auf die Stadtbucht zu, die wir nach links umrunden. Hinter der Bebauung folgen wir einer unbefestigten Straße nach links mit dem Kurpark auf unserer rechten Seite. Am Ende fahren wir auf einem Wanderweg am Ufer des Sees nach halbrechts weiter. An der Wegeinmündung schwenken wir nach rechts zur Brücke über die Schwentine: ein schöner, verwunschener Ort. Hinter der Brücke biegen wir links ab und kommen später nach Fissaubrück. Wir überqueren die Straße an der Fußgängerampel und finden gegenüber unseren Weg zurück zur Schwentine. Der schöne Weg über eine weitere Brücke und ein eingekerbtes Tal führt zu einer Straße am Kellersee. Wir fahren links und in der Linkskurve der Straße nach rechts in den Prinzenholzweg. Wir passieren den gut geführten Campingplatz, wo man schon einmal für einen ersten, sehr guten Kaffee einen Stopp einlegen könnte. Die Straße wird zur gewundenen Waldstraße durch das Prinzenholz – immer in Kontakt zur Uferlinie des Sees. Dann wird die Straße zum Wanderweg, der am Ende hoch zur Verbindungsstraße nach Malente führt. Hier nach rechts passieren wir das frisch renovierte Gelände des Immenhofs, das jetzt eine Art Holidayresort ist.

ROMANTISCHE SCHWENTINE Etwas weiter – vor einem Waldstück – geht auf der rechten Seite ein schmaler Fußweg nach rechts ab und führt nach 250 Metern zur Schwentine, die hier wieder aus dem Kellersee herausfließt. Wir sollen hier nicht radfahren, obwohl die Fahrspuren verraten, dass es schon viele getan haben. Es lohnt sich aber, hier die 300 Meter ggf. durchzuschieben: eine romantische Stelle! Bald biegen wir rechts ab über ein Brückchen und kommen wieder auf Straße in ein Wohngebiet. Nach wenigen Metern an einer Kreuzung biegen wir nach links in den Wöbbensredder ein, an der nächsten Kreuzung geht es nach rechts auf den See zu. Wir können jetzt kurz dem Uferweg folgen, bis wir in einer Kehre nach links in die Janusallee einbiegen. Nach der

Tipp

OSTHOLSTEIN-ERFAHRUNG

Wir rollen durch schwach besiedeltes Gebiet. Wer eine kulinarische Pause braucht, kann frühzeitig in Grebin in der Mühle einkehren (siehe Tour 9).

Idyllischer Weg bei Hohensasel

Überquerung der Rosenstraße fahren wir in der Linkskurve nach rechts in die Marktstraße und sind damit in der Spur derjenigen, die am Bahnhof Malente gestartet sind.

START AM BAHNHOF MALENTE Am Bahnhof Malente fahren wir die Bahnhofstraße nach rechts hoch, bleiben in der Rechtskurve geradeaus und gelangen zur Marktstraße. An der zweiten Möglichkeit biegen wir links ab nach Neversfelde. Die Straße steigt erst allmählich, dann heftiger an. In Neversfelde geht es rechts zunächst auf der Straße weiter; am Ortsende beginnt dann ein schöner Radweg, den wir genießen können.

DURCHS DORF IN DIE KNICKS In Grebin fahren wir am Anfang des Orts nach rechts auf der unbefestigten Straße Lehmkuhle zwischen den Häusern durch, an der Teilung bei einem Dorfteich nach rechts. Jetzt wird es schön: Die Straße wird zum Betonplattenweg, gesäumt von Knicks. An der Einmündung mit der einsamen Bushaltestelle biegen wir links ab und gleich die nächste wieder rechts.

HOCH ÜBER DEM KOSSAUTAL Jetzt wird es einsam. Der Betonplattenweg steigt an, rechts von uns liegt das unberührte militärische Sperrgebiet Hohensasel. Auf der Höhe erreichen wir einen kleinen Rastplatz mit einer wunderbaren Aussicht über die Landschaft und das Kossautal. Jetzt, wo wir oben sind, wird es leicht: Der Weg bleibt eine Weile auf der Höhe, fällt dann ab und vereinigt sich mit einer breiten Straße, die zum Truppenübungsplatz führt. Wir bleiben geradeaus, biegen an der Einmündung nach links ein und kommen zur B 430.

Rastplatz auf der Höhe bei Hohensasel mit weitem Blick über das Kossautal

↑ Einsame Bushaltestelle mitten im Nirgendwo
↗ Hübsche Fußgängerstraße in Preetz

ÜBER GUT HOHENHOF ZUR BAHNTRASSE Am besten queren wir hier schon die Straße und rollen 200 Meter auf dem Bürgersteig nach rechts, bevor es dann nach links geht Richtung Hohenhof. Hinter dem Gutshof biegen wir nach links ab und finden am zweiten Weg nach links unsere ehemalige Bahntrasse (Am Bahndamm). Nach ein paar Häusern sind wir wieder in der Einsamkeit. Wenn es so aussieht, dass es nicht mehr weitergeht, müssen wir uns nur ein paar Meter nach rechts ins Gehölz wenden: Dort geht der Weg weiter. Wenn von links die Straße aus Treufeld dazukommt, sind wir wieder auf Asphalt. Lange folgen wir dieser Straße bis zu ihrer Einmündung und rollen links nach Mucheln hinein.

Jetzt müssen wir uns entscheiden: Hinter Hasselburg werden wir für drei Kilometer schweres Terrain haben. Wer das nicht will, muss in dieser straßenarmen Gegend eine andere Route nach Preetz bei gleicher Streckenlänge nehmen. Die geht in Mucheln geradeaus über Sellin, biegt in Lebrade nach rechts ab, folgt der Straße – durch Lepahn hindurch – und landet nach Querung der B 76 in Sophienhof. Hier geht es auf dem Radweg mit der Kreisstraße 53 nach rechts bis Schellhorn (3 km). Dort biegt man nach links in die Straße Am Wiesengrund ein, die – später als Weg – zur Schwentine führt. Nach einer Rechtskurve begleitet der Weg den Kirchsee und führt direkt nach Preetz hinein.

ÜBER ALLEN FELDERN IST RUH Alle Naturliebhaber biegen in Mucheln nach rechts Richtung Hasselburg ab. An einer Kreuzung geht es nach rechts mit einer Linkskurve in den Weiler hinein. Hinter den Häusern bei Teilung der Straße in zwei Betonplattenwege nehmen wir den linken. Aber zu früh gefreut: Die Betonplatten hören bald auf zugunsten eines breiten Feldwegs, der etwas riffelig und geröllig unser Fortkommen erschwert. Aber die Landschaft ist grandios: Felder bis zum gewellten Horizont! Hier ist große, atemraubende Stille. Nach drei Kilometern blitzt ein weißes Herrenhaus zwischen den Bäumen auf. An der Einmündung kommen wir wieder auf Asphalt, biegen nach rechts und fahren durch das Gut Wittenberg.

EINE MALERISCHE STRASSE 250 Meter später treffen wir auf eine Straße, die uns nach links fast bis Preetz führen wird: eine schöne Straße – wie auf die Landschaft gelegt. Die Weite und Einsamkeit der Landschaft bleibt. Nach fünf Kilometern in Rethwisch biegen wir nach rechts ab, queren die B 76 und kommen in die Vororte von Preetz hinein. Erst hinter einem Kreisel biegen wir dann links in die Moritz-Schreber-Straße ein. Wenn diese sich teilt, nimmt uns geradeaus ein kleiner Weg auf, der in einem Bogen ins Stadtinnere führt. Wir treffen auf eine Straße, behalten die Richtung bei und sind 80 Meter später an einer Einmündung, wo wir links bis zur Ampel vorfahren.

IN DER SCHUSTERSTADT PREETZ Wir queren die Hauptstraße an der Fußgängerampel und schieben hinein in die schöne Fußgängerstraße, die zum zentralen Platz in Preetz führt. Jetzt zum Abschluss haben wir uns wirklich hier auf dem Platz eine Pause im **Feuerstein** verdient.
Zum Bahnhof kommen wir, indem wir am linken Ende des Platzes nach rechts die Bahnhofstraße hochfahren.

INFO

TOURENCHARAKTER

Streckentour mit Straßen und Radwegen, Betonplattenwegen, einer Bahntrasse, 3 km ruppiger Feldstraße; eine kurze aber anstrengende Steigung

AUSGANGSPUNKT

Bahnhof Malente

GPS-DATEN

54.167652, 10.550715

OPTIONALER AUSGANGSPUNKT

Bahnhof Eutin

GPS-DATEN

54.135449, 10.609254

ENDPUNKT

Bahnhof Preetz

ANFAHRT

Mit RE83 und RB84 von Lübeck oder Kiel

leicht | 34 km | 143 Hm | 3.00 Std.

ABKÜRZUNG

keine

VARIANTE

Start Eutin: plus 10 km

↑ Buntes Leben auf dem großen Preetzer Marktplatz ↘ Überbackenes in allerlei Variationen, dazu ein sommerliches Getränk am Ende der Tour ↓ Die Schusterskulptur auf dem Marktplatz ↓↘ Der Innenraum des Feuerstein erinnert an einen englischen Pub

FEUERSTEIN

Wer nicht in die Preetzer Caféstuben (Tour 16) einkehren will, muss etwas suchen. Ich habe mich für den schönen Platz in der Mitte des Marktplatzes direkt neben der Schusterskulptur entschieden, wo man unter Sonnenschirmen sitzend so schön das Leben und Treiben beobachten kann. Der Platz gehört zu einem Kneipenrestaurant der Kette Feuerstein und bietet eine ungeheuer große Karte. Einiges davon ist etwas »old school«; aber sicher ist für jeden durstigen oder hungrigen Radler etwas dabei.

Markt 17–18, 24211 Preetz, www.feuersteinpreetz.de, tgl. ab 11 Uhr

TOUR MIT WEITBLICK AUFS WASSER

Um den Plöner See

Diese Tour umrundet den größten der schleswig-holsteinischen Seen. Teilweise entfernen sich unsere Wege vom sumpfigen Uferrand und leiten durch Wald. Unsere Einkehr am Ende der Umrundung führt uns in einen verwunschenen Garten.

11

Pausenstation beim Fischer Lasner am Großen Plöner See

EIN BAHNHOF AM WASSER Mit dem Rücken zum Bahnhofsgebäude von Plön wenden wir uns nach rechts und kommen bei einer Unterführung zur Seeseite zum Anleger der Plöner Seeschifffahrt. Der Weg führt uns vom Ufer weg in die Eutiner Straße, die wir hochfahren und an der ersten nach rechts, der Rosenstraße, abbiegen – den Radwegzeichen folgend. Nach den Häusern wird die Straße zum Weg in ein Wäldchen hinein entlang der Uferlinie, bis zur Schwentine. Wir wenden uns links, dann rechts und nehmen den Radweg an der viel befahrenen Straße. Hinter dem Kasernengelände geht es rechts in den Mönchsweg, der uns zur Klinik führt.

EINE LANDENGE ZWISCHEN ZWEI SEEN
Hier biegen wir nach links ab in den Wald und nehmen den ersten Waldweg nach rechts auf der Landenge zwischen Vierer See und Plöner See. Hier gibt es den ersten Panoramablick auf das Plöner Schloss. An einer Wegeinmündung vor einem Waldstück biegen wir scharf nach rechts ab und gelangen nach Bosau. An der Einmündung fahren wir links in den Bischof-Vicelin-Damm ein und an der Stadtbeker Straße nach rechts. Am Ortsende nehmen wir den Radweg nach Stadtbek, wo wir innerhalb des Orts wieder auf die Straße verbannt sind. Aber aufgepasst: Der Radweg kommt wieder, etwas versteckt auf der linken Seite, und führt uns nach Bredenbek. An der Straßengabelung fahren wir rechts und bald wieder auf einen unbefestigten Radweg.

IM UFERWALD Hinter einem kleinen Brückchen im nahen Wald biegen wir nach rechts ab. Wenn der Weg sich gabelt und die Radwegschilder nach links Richtung Dersau zeigen, fahren wir trotzdem rechts und bleiben damit in Ufernähe. Wir überqueren zweimal die Tensfelder Au, bleiben geradeaus und passieren den Campingplatz Godau: Dort könnte man einen Stopp für einen Kaffee oder ein Eis einlegen. Unser Weg aber führt weiter geradeaus in Ufernähe. Wir rollen in einem Bogen über die Halbinsel Störland. Bald öffnet sich die Uferlinie mit einem weiten Blick über den See. Wir erreichen Sepel und biegen mit der Straße nach rechts ab, die eine Weile geradeaus und aufwärts geht.

Tipp

OSTHOLSTEIN-ERFAHRUNG

In Plön lohnen sich ein Rundgang durch das Schlossgebiet oder eine zweistündige Stadtführung im 10er-Kanu (Anmeldung über www.holsteinischeschweiz.de/ploen-kanustadtfuehrung).

BADEN IM SEE? Hinter einer Links-rechts-Kurve müssen wir aufpassen: Mit einer Treppe fängt rechts etwas versteckt ein Weg zum Ufer an. Die Treppe kann man umfahren. Wem das zu steil ist, der schiebt die paar Meter. Danach sind wir wieder direkt am Ufer. Der Weg geht nach links, passiert einen Campingplatz und führt zur Schiffsanlegestelle von Dersau. Hier kann man auch baden und sich am Kiosk verpflegen. Wir fahren weiter geradeaus, müssen aber beim nächsten Campingplatz ein Stück nach links, dann rechts der Straße Eichenhain folgen, die uns mit einer Rechtskurve bald wieder auf einen Waldweg führt. Vor dem Gut Ascheberg schwenken wir nach links zur B 430, wo wir dem Radweg 400 Meter nach rechts folgen.

PAUSE MIT FISCHBRÖTCHEN? Bald können wir wieder nach rechts schwenken runter zum See am Gelände des Fischerei- und Räuchereibetriebs Lasner. Vor dem Gelände geht unser Weg links in den Wald hinein. Zwischendurch ist dieser Weg plötzlich als reiner Fußgängerweg deklariert, was keinen Sinn macht. Wir fahren weiter an der Uferlinie und nehmen am Seglerheim den linken Weg, der uns zur Bundesstraße hinaufführt. Vorsicht: Da ist direkt die Fahrbahn! Wir müssen nun 4,5 Kilometer auf dem Radweg neben der Bundesstraße radeln. Kurz bevor wir das zweite Mal die Bahnschienen überqueren müssten, geht rechts ein Weg zur Uferlinie und weiter unten nach links zur Uferpromenade.

VOM UFER HINAUF ZUM SCHLOSSPLATZ Wir fahren parallel zu den Bahngleisen. Um zu unserer Einkehr zu kommen, müssen wir den Schlossberg hoch und dafür den Fußweg unter den Gleisen hindurch nutzen, der sich bald links zeigt. Achtung: Absteigen und Kopf einziehen! Der Weg führt hinauf zum Schlossplatz, wo wir uns nach links wenden. Kurz hinter dem Parkeingang des Prinzenpalastes geht es links zur Alten Schlossgärtnerei und zum **Café Gröönte**.

ZURÜCK ZUM AUSGANGSPUNKT Retour zum Bahnhof fahren wir wieder hinab und zur Promenade. 700 Meter nach der Überquerung der Stadt-Schwentine queren wir links die Bahn und gelangen zum Bahnhof.

INFO

TOURENCHARAKTER
Rundtour auf Wanderwegen, straßenbegleitenden Radwegen und Waldstraßen. Auf Straße nur innerorts

AUSGANGS-/ENDPUNKT
Bahnhof Plön

GPS-DATEN
54.159456, 10.421639

ANFAHRT
Mit RE83 und RB84 von Lübeck oder Kiel

ABKÜRZUNG
Keine

leicht	37 km	89 Hm	3.00 Std.

↑ Eine erholsame Pause im idyllischen Naturgarten ↘ Mmmh! Nichts mundet besser am Ende einer Tour! ↓ Im Garten der alten Schlossgärtnerei gibt es viel zu entdecken ↓↘ Aus dieser kleinen Kaffeeklappe kommen die Köstlichkeiten.

CAFÉ GRÖÖNTE

Unser verwunschener Ort ist eingebettet in die Alte Schlossgärtnerei, die an sich schon einen Besuch wert ist. An einer kleinen Kaffeeklappe kann man exzellenten Kaffee und Tee, Torten und Kuchen sowie auch kleine herzhafte Snacks bekommen. Das schönste ist der Garten: Völlig abgeschirmt vom Trubel der Welt, umgeben von wilden Bäumchen, Sträuchern und Kräutern, sitzt man dort unter den Sonnenschirmen und fühlt sich wie im Garten Eden. Da möchte man nicht mehr vertrieben werden!

Schlossgebiet 9a, 24306 Plön, www.cafegroonte.de, April–Okt. Do–So 12–18 Uhr

Die Felder dehnen sich bis an den Horizont.

PROBSTEI
Die erholsame Stille
einer einsamen Landschaft

Die Alte Schwentine an der Perdoehler Mühle

12

AN DER ALTEN SCHWENTINE

Von Neumünster nach Preetz

Neumünster punktet mit einer Stadtausfahrt auf grünen Wegen entlang von Flüsschen. Später, hinter Bornhöved, kommen wir ins Quellgebiet der Alten Schwentine, deren Verlauf durch verschiedene Seen wir dann bis zur Mündung in Preetz folgen.

AN DER SCHWALE AUS DER STADT Am Ausgang des Bahnhofs rollen wir nach rechts in die Straße Kuhberg, die schräg vor dem Vorplatz liegt. Hinter dem Wasserbecken der Schwale biegen wir nach rechts in den Park ein, rollen über eine Brücke und passieren die Stadthalle. Danach biegen wir nach links auf den Platz Kleinflecken ab, bis wir an der rechten Häuserreihe einen Durchgang zu einem Fußweg finden, der später wieder parallel zur Schwale läuft. Wir queren zwei Straßen bis zum Holsatenring, wo wir rechter Hand die Fahrbahn an der Fußgängerampel überqueren. Ein Fußweg zwischen den beiden Bahnbrücken führt uns zur Wrangelstraße in ein altes Gewerbegebiet. Am Linksknick der Straße rollen wir geradeaus auf einen Fußweg zum Ruthengraben, vor dem wir nach links abbiegen. Wir überqueren die Schwale und fahren am kommenden Wegedreieck nach rechts in die Auen des Flüsschens und später an einer Wegeinmündung nach links. Wir kommen auf Asphalt in die Burgstraße.

AN DEN UFERN DER STÖR An einem bemalten Transformatorhäuschen (Hamanns Gasthof) geht unser Weg – etwas versteckt – nach rechts zum Flüsschen Stör. Noch vor der Brücke biegen wir nach links ab. Wir überqueren eine Hauptstraße, wechseln die Uferseite und folgen nun einem Störbogen. Bei einem Brückchen links knickt unsere Route nach rechts auf die Straße ab, passiert nach links die Johanneskirche und führt wieder auf einen versteckten Weg ganz links in der Kehre. An der Hauptstraße biegen wir links ein und an der folgenden Kreuzung wieder links. 200 Meter später überqueren wir die Stör und biegen danach gleich auf einen Weg in ihre Auen nach rechts ein. Wir queren ein Brückchen und folgen weiter dem Ufer jetzt nach links. An einem Wegdreieck fahren wir nach rechts und kommen wieder zur Hauptstraße, halten uns links, queren sowohl die Bahn und die kommende Kreuzung und gelangen in ein Wohngebiet. In der Rechtskurve der Wohnstraße führt ein Weg mit einem Linksknick wieder zurück zur Stör. Am Ende des Wegs kommt wieder ein Wegedreieck vor einem Brückchen, wo wir nach rechts wieder in eine Wohnstraße und an der ersten links wieder auf einen Weg zurück an die Stör kommen. Nach einem Linksknick biegen wir nach rechts in die Segeberger Straße ein, an der Hauptstraße ebenfalls nach rechts. Nach 300 Metern folgen wir den Schildern Friedhof Gadeland und Erlöserkirche nach links. Wir kommen auf eine Feldstraße, die zum Feldweg wird – wieder parallel zur Stör, die sich hier tief eingeschnitten hat. In einem Waldstück queren wir ein Brückchen und verlassen damit das Flüsschen.

RUHIGE FAHRT ZWISCHEN FELDERN Hier sollen wir nicht Rad fahren; das sehr kurze Stück können wir hier auch durchschieben zum Weg Am Sünderbek. An der

Versteckter Radweg kurz vor dem Postsee

Tipp

OSTHOLSTEIN-ERFAHRUNG

An der Perdoeler Mühle am Belauer See befindet sich auch eine Badestelle.

Einmündung fahren wir nach rechts auf einem Radweg nach Groß Kummerfeld. Dort über die Kreuzung hinüber biegen wir danach in die zweite nach links ein – an der Schule vorbei – und fahren an der kommenden Kreuzung halbrechts Richtung Bornhöved; eine schöne, ruhige Straße zwischen Feldern. Wir fahren nicht nach rechts. Wenn eine zweite von rechts dazukommt, folgen wir dieser Straße in die Linkskurve. Dann biegen wir vor einem kleinen Waldstück rechts in die Straße Faldehörn ein und rollen mit ihrer Verlängerung durch Gönnebek, das uns mit seinem schönen Dorfanger empfängt, und noch weiter jenseits der A 21 nach Bornhöved hinein.

IN BORNHÖVED Auf der rechten Seite kommt das **Café Elend**. Jetzt nach 26 Kilometern sollten wir die Gelegenheit für eine Stärkung nutzen; es gibt kaum weitere auf dieser Tour. Ein paar Meter hinter dem Café biegen wir nach rechts in die Mühlenstraße ab, die uns hinunterbringt ins Quellgebiet der Alten Schwentine. Ab hier ändert sich die Landschaft! Unten biegen wir nach links in die Alte Plöner Chaussee ab, die uns hochführt zur B 430, die wir nach links unterqueren.

IM SEENGEBIET DER ALTEN SCHWENTINE An der ersten nach links mit dem Hinweisschild Forellenhof geht es auf einen Uferweg um die Teiche und den Bornhöveder See. Ei-

Die Naturgewalt des Wassers der Stör nagte an diesem Prallhang.

↑ Knorrige Bäume auf der Feldstraße nach Perdöl
↗ Gedenkstein für einen bedeutenden mittelalterlichen Versammlungsort

nen Campingplatz müssen wir umfahren und setzen dann auf der Straße Vorhof – zunächst nahe dem Ufer – unseren Weg fort. Später halbumrunden wir den Schmalensee, halten uns dabei an einer Weggabelung rechts, passieren einen spätmittelalterlichen Versammlungsplatz und kommen zur Straße nach Belau, in die wir links einbiegen.

PAUSE AM BELAUER SEE Hinter dem Dorf biegen wir am Hinweisschild nach links Richtung Perdoeler Mühle ab. Unten queren wir die Alte Schwentine am Gebäude der alten Wassermühle und treffen auf das Campingplatzensemble: eine schöne Location! Gleich vorne links ist unsere Einkehr: die **Perdoeler Mühle**.

Unsere Tour geht weiter auf der Feldstraße um den Platz und die Gebäude herum hinein in die Feldmark. Knorrige Bäume säumen unseren Weg. Am Ende in Perdöl biegen wir an der Einmündung nach links auf die Straße ein, die uns nach Wankendorf führt. Vor der Autobahn am Hinweisschild nach Preetz folgen wir dem Weg nach rechts, später nach Stolpe hinein, fahren in einem Bogen die Dorfstraße ab und biegen am Ende des Straßendorfs nach rechts auf den Depenauer Weg ab. Die Straße läuft über Mühlenberg nach Depenau und führt nach Querung der Landstraße auf eine schöne Feldstraße nach Löptin, die von großen Bäumen gesäumt ist und auf halber Strecke eine Pausenbank mit Wetterstein bietet. In Löptin fahren wir in einem Halbrund um den See herum und setzen auf der anderen Seite unsere Route fort.

ZWISCHEN NETTELAU UND ALTER SCHWENTINE Wir folgen dieser Straße, die nach Überquerung einer Kreisstraße zur Waldstraße wird, die irgendwann endet. Kurz vorher weist uns ein Radwegzeichen nach links auf einen schmalen Weg. Wir kommen jetzt in die Niederung der Flüsschen Alte Schwentine und Nettelau, kurz bevor sie in den Postsee fließen. An der folgenden Einmündung biegen wir links ab und kommen nach Postfeld, wo wir links und später rechts abbiegen. Am Ortsende können wir wieder einen Radweg benutzen. Wir folgen der Straße, bis kurz vor Sieversdorf rechts ein Weg auf einer alten Bahntrasse beginnt und uns bis in die Vororte von Preetz bringt.

IN PREETZ An der kommenden Kreuzung biegen wir links ein und können kurz danach links herunter zu einem Uferweg am Postsee steuern. Am Ende nehmen wir nicht die Brücke nach links, sondern fahren rechts zur Wilhelm-Raabe-Straße und dann links in die Theodor-Storm-Straße. Die Straße wird zum Parkweg, dem wir unter der Bahnbrücke hindurch folgen und an der ersten Möglichkeit nach rechts den Doktor-Peters-Gang hinauffahren. Wegen des starken Verkehrs oben an der Straße überqueren wir sie an der Fußgängerampel, fahren 80 Meter auf dem gegenüberliegenden Fußweg und biegen dann nach links in die Wilhelminenstraße ein, die auf die Bahnhofstraße trifft, die uns nach rechts zum Bahnhof bringt.

INFO

TOURENCHARAKTER

Streckentour auf meist flachem Terrain, im letzten Drittel etwas gewellt. Im ersten Drittel Uferwege, danach ruhige Nebenstraßen, im letzten Drittel Radwege, Feldstraßen und ruhige Nebenstraßen

AUSGANGSPUNKT

Bahnhof Neumünster

GPS-DATEN

54.076380, 9.980675

ENDPUNKT

Bahnhof Preetz

ANFAHRT

Mit RE7 oder RE70 von Hamburg oder Kiel

ABKÜRZUNG

keine

leicht | 59 km | 311 Hm | 5.00 Std.

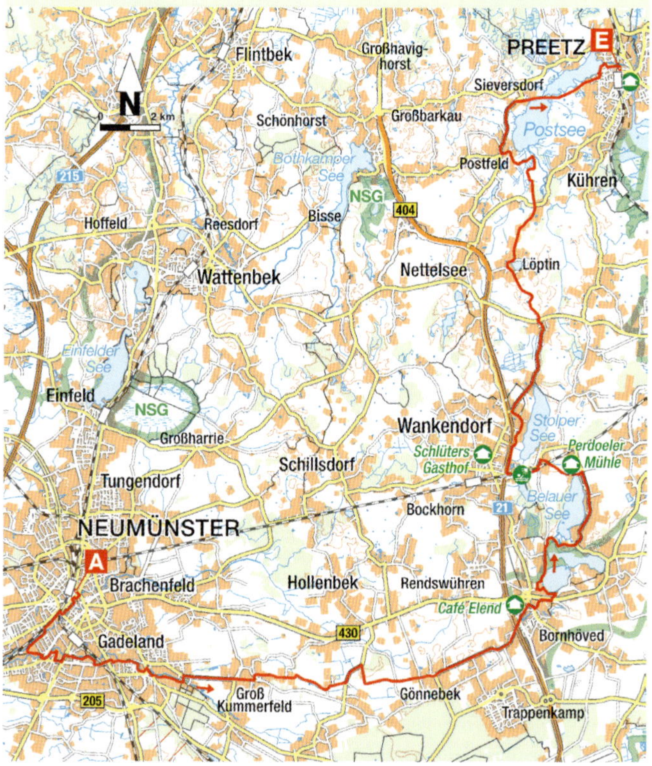

↑ Hier ist der Tresen mit der unendlichen Auswahl ↗ Das also ist die Juliatorte

CAFÉ ELEND

Wer alte Wiener Cafés mag, ist in Bornhöved richtig: Das Café Elend hat im Gastraum seinen Vintagecharme bewahrt. Am Verkaufstresen jedoch ist alles modern und Genuss versprechend, und die Auswahl ist enorm! Ich hatte mich für die Juliatorte entschieden, benannt nach der Enkelin des Konditormeisters: wunderbar! Man verlässt das Café ganz bestimmt nicht elend ...

Am Alten Markt 8, 24619 Bornhöved, www.konditorei-elend.de, Mo–So 9–18 Uhr

PERDOELER MÜHLE

Auf dem versteckten Edelcampingplatz an der alten Perdoeler Wassermühle gibt es ein modernes Café-Restaurant in einem alten Gebäude. Schön sitzt man drinnen wie draußen. Ein gut gelauntes Team macht den Service. Bei meinem Besuch konnte ich vom schlichten, aber leckeren Mittagstisch profitieren. Die neuen Pächter sind noch am Experimentieren mit den Öffnungszeiten, die man vor einem Besuch auf der Website prüfen sollte.

Perdoeler Mühle, 24601 Belau, www.george-glamp.com/cafe-restaurant

↓ Flammkuchen einmal anders ↘ Zwei engagierte junge Damen machen den Service

ZWISCHEN KNICKS UND ÄCKERN

Die Schönbergrunde

Diese Rundtour ist bis auf 600 Meter immer auf festem Untergrund und geht auf einsamen Wegen durch die Probsteier Landschaft. Gegen Ende gibt es dann noch eine Überraschung.

13

Schönberg mit seiner norddeutschen Backsteinkirche auf einem Hügelchen

DURCH SCHÖNBERG Wir starten in Schönberg am Freilichtmuseum, einem bezaubernden Ensemble alter Bauernhäuser. Dort wenden wir uns auf der Ostseestraße in Richtung Stadtmitte und biegen nach 150 Metern rechts in die kurze Fußgängerzone ab. Diese endet gleich wieder in der Straßenkurve vor der sehenswerten Schönberger Kirche mit ihrem ungewöhnlichen Zwiebelturm, die – typisch norddeutsch – auf einem kleinen Hügel steht. Wir biegen nach rechts ein und folgen der Straße, die bald Damm heißt, mit der Kurve nach links. An der Einmündung biegen wir nach rechts und gleich darauf wieder nach links auf die Straße nach Krokau ab.

ÜBER DÖRFER In Krokau wenden wir uns nach links Richtung Fiefbergen. Dort angekommen biegen wir an der Landstraße nach rechts und im Ort gleich die erste nach links (Lindenstraße) ab. Diese vereinigt sich mit der Dorfstraße und lässt uns bald die Gleise überqueren, wo hoffentlich bald wieder der sehnsüchtig erwartete Nahverkehr nach Schönberg rollt.

IN DEN KNICKS Nach Überquerung der Kreisstraße wird es nett: Jetzt rollen wir auf Betonplatten im Grün ein kleines Hügelchen hoch und sind damit in der Einsamkeit angelangt. Schön ist es hier zwischen Knicks und Äckern! Wir halten uns an einer Kreuzung weiter geradeaus und biegen kurz vor Fahren nach links ab. Die Straße windet sich um den Passader See herum und landet in Stoltenberg oben an der Landesstraße 211. Diese überqueren wir, folgen der Straße und biegen vor der Rechtskurve bei Ottenhof nach links auf einen weiteren Betonplattenweg ab. Diesem folgen wir für lange Zeit durch die idyllische Landschaft. Über Neu-Sophienhof steuern wir auf das einsame Legbank zu und gelangen – etwas nach rechts versetzt – geradeaus weiter in ein Waldstück hinein. Wir enden in Köhn: Das waren sechs sehr schöne Kilometer!

Tipp

OSTHOLSTEIN-ERFAHRUNG

Die Museumsbahn fährt von Ende Mai bis Anfang September immer samstags und sonntags zwischen Schönberg und Schönberger Strand. Danach gibt es noch Sondertermine wie z. B. Ostern oder am ersten Sonntag im Dezember. Einzelne Züge fahren in der Sommersaison auch bis Kiel Hauptbahnhof. Und während der Kieler Woche fahren auch Züge der DB von Kiel nach Schönberg. Die Fahrradmitnahme ist möglich. Auch der Besuch des Museumsbahnhofs ohne Mitfahrt lohnt sich (www.vvm-museumsbahn.de).

EINE EINSAME ÜBERRASCHUNG In Köhn biegen wir nach rechts auf den Dorfring und an der Hauptstraße kurz nach links ab, um dann nach rechts auf dem Radweg einer Straße nach Schwartbuck zu gelangen. Im Ort folgen wir der Straße mit ihrem Linksbogen und biegen vor der Rechtskurve nach links in einen Weg ab, der am Ortsrand in einen Betonplattenweg übergeht. Wieder haben wir eine schöne Strecke vor uns! Gebetsfahnen künden die Überraschung an: das Café Nepal – ein Selbstbedienungscaféstand auf Spendenbasis zugunsten einer Schule in Nepal. Fotos geben uns eine Vorstellung von der Schule und den Schülern. Ich sah eine Thermoskanne mit Kaffee und Bechern, abgedeckten Kuchen, eine Kühlbox mit diversen gekühlten Getränken. Dazu eine wunderbare Aussicht in die Landschaft. Was für eine schöne Idee!

GEWUNDENE WEGE Weiter geht unsere Fahrt auf Betonplatten in den Wald hinein. Vorsicht: Am Ende ist eine Barriere. Der Weg verlässt den Wald. Nach 600 Metern auf einer unbefestigten Zufahrtsstraße biegen wir an einer Einmündung nach links wieder auf Betonplatten ab, überqueren die Kreisstraße und kommen in das Dorf Bendfeld hinein, wo wir sofort nach rechts einbiegen. Die Straße führt uns durch das Dorf und lässt uns wieder die Kreisstraße überqueren. Gegenüber rollen wir für weitere sechs Kilometer fast ununterbrochen auf einem Betonplattenweg bis nach Schönberg zurück. Unser Weg windet sich einsam durch die Knicks, geht bei der Durchfahrt von Stakendorf kurz auf Asphalt, und setzt dann am Dorfende geradeaus wieder auf Betonplatten fort. An einer Einmündung geht es nach rechts und in der Kurve nach links. Wer noch das **Bauernhofcafé Heuer** besuchen will, bleibt in der Kurve geradeaus, überquert die Bahngleise und biegt an der nächsten Einmündung nach rechts ein, überquert die Landstraße und kommt dann zur Straße nach Schönberger Strand. Hier kurz nach rechts geschwenkt ist das Bauernhofcafé nicht mehr zu übersehen. Jetzt immer weiter gefahren würden wir zum Schönberger Strand kommen. Zurück zum Ausgangspunkt geht es nach einer Pause auf der Strandstraße nach rechts immer dem Verlauf folgend nach Schönberg hinein.

Ohne den Abstecher rollen wir nach der Linkskurve weiter auf Betonplatten, queren ebenfalls die Bahngleise und kommen nach einer Rechtskurve zu einer Einmündung an der Jugendherberge. Wir fahren links in der Straße Stakendorfer Tor auf das **Hotel Ruser** zu und sind anschließend ein paar Meter nach rechts wieder am Ausgangspunkt in der Ostseestraße.

INFO

TOURENCHARAKTER
Einfache Rundtour auf kleinen Nebenstraßen und Betonplattenwegen

AUSGANGS-/ENDPUNKT
Schönberg Ostseestraße beim Freilichtmuseum

GPS-DATEN
54.395540, 10.373319

ANFAHRT
Mit dem Bus 200 von Kiel Hauptbahnhof oder Raisdorf

ABKÜRZUNG
Keine

VARIANTEN
Über Heuers Café

leicht | 32 km | 194 Hm | 3.00 Std.

↑ In Rusers Gastgarten kann man nach der Tour entspannen.

BAUERNHOFCAFÉ HEUER

Wer nachmittags die Runde beendet und Lust auf Kaffee und Kuchen in schönem Ambiente hat, ist in Heuers Bauernhofcafé bestens aufgehoben. Leckere Torten warten auf den Besucher. In Heuers Heißer Hütte gibt es auch eine kleine Auswahl an herzhaften Imbissen.

Strandstraße 263, 24217 Schönberg, www.bauernhof-heuer.de, tgl. 13–18 Uhr

RUSER'S HOTEL

Der Garten von Ruser's Hotel ist ein schöner Ort. Hier kann man gut sitzen und die Tour ausklingen lassen. Wer das gastronomische Angebot des Restaurants nutzen möchte, muss die Küchenzeiten beachten.

Albert-Koch-Str. 4, 24217 Schönberg/H., www.rusers-hotel.de, Küchenzeiten: Do–Mo 12–14 und 17.30–20.30 Uhr

↓ Schon von Weitem lockt der Garten von Heuers Gasthof.

Romantische Schwentine bei Oppendorf

14

IN EIN NATURPARADIES

Die Schwentine-Acht

Diese Tour bietet einen Naturgenuss von unvergleichlicher Schönheit. Und sie ist wie ein Modul, das eine kurze oder eine lange Runde oder eine kurze oder lange Strecke anbietet – immer mit Bahnanschluss. Die Naturwegeführung jedoch setzt geübtes Radfahren voraus.

DIE SCHWENTINE-ACHT Der Schnittpunkt unserer Acht ist an der Oppendorfer Mühle. Wir fahren mit dem Rücken zum Bahnhof Preetz auf den zentralen Marktplatz hinunter. Dort kurz nach links haltend schieben wir dann rechts durch die den Fußgängern vorbehaltene Lange Brückstraße. Nach Überquerung der Hauptstraße an der Fußgängerampel fahren wir auf dem Radweg 450 Meter nach links und durchqueren dann rechts das Torhaus zum Klosterbezirk.

EIN KLOSTER AUS ROTEM BACKSTEIN
Wir staunen über diese alte Anlage und die mächtige Klosterkirche. Sofort biegen wir nach links ab, mit der Kirche dann auf unserer rechten Seite. Der gewundene Fahrweg bringt uns in ein kleines Waldstück. An dessen Ende biegen wir auf die Feldstraße nach halbrechts ab, die zum Waldweg wird. Vor der B 76, die wir am Rauschen der Autos erahnen, steuern wir mit dem Weg nach rechts zu einer Unterführung. Dahinter folgen wir dem Reitweg durch den Wald parallel zu den Auen der Schwentine. Wenn links eine Straße (Totenredder) dazukommt, bleiben wir geradeaus – jetzt auf Betonplatten.

AUF DEN ÖSTLICHEN UFERWEG Wir entscheiden uns, zuerst auf der östlichen Uferseite die Schwentine zu begleiten. Rechts öffnet sich bald ein Weg zur Schwentine hinunter, der später über zwei Brücken auf die andere Uferseite führt: ein schöner Ort, wo auch eine Bank auf uns wartet. Ein paar Meter müssen wir dann die Uferböschung hochschieben und fahren nach links. Bald kommt eine Überraschung: ein Gedenkstein zu Ehren des Grafen Christian zu Rantzau. Der Uferweg wird manchmal sehr schmal und geht auf und ab: Dies ist nur etwas für geübte Radfahrer! An einer Wegteilung fahren wir scharf links und passieren später Häuser. Nach Querung der B 202 nehmen wir in Rosenfeld an der Gabelung die Straße ganz links, die nach einem Wendehammer zum Weg wird und um eine teichartige Ausbuchtung der Schwentine herumführt. Wir folgen dem Uferweg bis zu einer Brücke vor der Howaldtschen Villa. **Hier ist der Punkt, wo der Zubringer von bzw. nach Raisdorf dazukommt** (siehe Tour 15).

WASSERWERK UND HOFLADEN Hinter der Brücke geht es sofort nach rechts. Wir passieren einen Obsthof mit Hofladen (Mi–So) für lokale Produkte: Ein Blick hinein lohnt sich!
Unsere Tour geht weiter wieder auf einer Brücke zurück ans andere Ufer – vorbei an einem kleinen Wasserkraftwerk. Danach hat uns der Uferwald mit seinem gewellten Weg wieder. Vorsichtig fahren und die Hand an die Bremse! Wir treffen auf eine Straße. Hier ist der Punkt, wo Tour 15 von unserer nach rechts abzweigt. Wir aber fahren nach links zur Brücke hinunter.

Die Einfahrt des Klosterbezirks in Preetz

Blick in die Feuchtwiesen der Schwentineniederung hinter Preetz

DER SCHNITTPUNKT DER ACHT Hier ist unser Schnittpunkt mit der Oppendorfer Mühle. Unsere Tour geht jetzt über die Brücke und folgt der Straße nach rechts. Am baldigen Linksknick der Straße fahren wir jedoch geradeaus. Bald weist uns der Wegweiser »Schwentinewanderweg« nach rechts. Vor einem Reitergelände knickt der Weg nach links auf eine Straße zu. An dieser halten wir uns rechts und fahren an deren Linksknick geradeaus auf einen Weg, der uns auf den Dorfanger von Klausdorf führt. Es geht um den Teich herum und in gerader Richtung durch die Teichstraße weiter. Am Linksknick der Straße finden wir geradeaus unseren Uferweg wieder. Wir folgen diesem Weg bis zur langen Brücke über die Schwentine. Von ihr eröffnet sich ein herrlicher Ausblick auf die Wasserfläche und ihre natürlich bewachsenen Ufer. Auf der anderen Seite der Schwentine geht es links zur Bahnstation Oppendorf.

ZUM BAHNHOF OPPENDORF Wer jetzt in Oppendorf beenden oder weiter zur Kieler Innenstadt will, fährt links unter der Bahnbrücke hindurch, den etwas bröckeligen Weg hoch und dann rechts ins Wohngebiet. Am Linksknick der Straße sehen wir rechts einen kleinen Durchgang zur Anschützstraße. Dort nach rechts gewendet sind es nur noch wenige Meter bis zum Bahnhof.

ZUM KIELER HAUPTBAHNHOF Wer jetzt nach Kiel (6,3 km) hineinfahren möchte, fährt hier links und biegt an der zweiten (Kätnersredder) nach links ab. Die Straße wird zur Fahrradstraße und führt uns am Ufer der Schwentine zur Schwentinebrücke im Stadtgebiet kurz vor ihrer Mündung in die Förde. Hier treffen wir Tour 24 und 25. Wir überqueren die Brücke und fahren oben an der Hauptstraße nach rechts auf einem Radweg immer geradeaus bis in die Innenstadt hinein (4 km), der kurz vor dem Ziel nach rechts abknickt. Jetzt können wir von der erhöhten Position schon den Hafen sehen. Über eine Rampe geht es rechts hinunter auf den Zugang zur Klappbrücke Hörnbrücke. Direkt gegenüber der Klappbrücke ist der Kieler Hauptbahnhof. Hier legt auch die Fördelinie an.

RÜCKWEG AM OSTUFER Unsere Tour zurück nach Preetz aber geht hinter der Brücke nach rechts. Wir kommen vorbei an einem kleinen Uferstück mit einer Bank. Danach aber müssen wir mit Schwung die Talkante hochpedalieren. Oben radeln wir zwischen zwei Feldern an einer Baumreihe entlang, treffen auf einen Radweg an einer Straße, der uns zur Abzweigung nach rechts zwischen Feldern führt. Die Oppendorfer Mühle ist hier auch schon ausgeschildert. Nach einer langen, mächtigen Steigung weist uns an einem Knick ein weiteres Schild nach rechts.

Tipp

OSTHOLSTEIN-ERFAHRUNG

In Raisdorf finden wir den frei zugänglichen Wildpark. Der Streichelzoo und der Abenteuerspielplatz sind ein Paradies für mitradelnde Kinder. Direkt daneben befindet sich ein Freibad mit Kiosk und Restaurant.

DURCH DEN WALD Am Waldrand nehmen wir den linken Weg. Jetzt Vorsicht: links von uns ist eine tiefe Bachrinne. Unser Weg ist knubbelig und fällt am Ende steil ab. Stetiges Abbremsen ist angesagt. Unten queren wir nach links auf einem kleinen Brückchen die Rinne und schieben kurz zum Feldrand hoch und können nun dem Weg folgen. Vorsicht: Am Ende in einer Rechts-links-Kurve geht es wieder steil und sandig bergab. Unten ange-

Ein idyllisches Plätzchen auf einer kleinen Schwentineinsel

kommen, stehen wir wieder vor der **Oppendorfer Mühle**. Der Biergarten und das Rauschen des Wassers laden uns ein, jetzt eine ausgiebige Pause zu machen.

DER SCHNITTPUNKT DER ACHT Danach wechseln wir über die Brücke auf die Westseite. In der Kurve der Straße fahren wir jedoch geradeaus die Talkante hoch. Wenn diese Straße sanft nach rechts abknickt, nehmen wir den Weg nach links.

NATURSCHUTZGEBIET UND WILDPARK An einer Barriere betreten wir ein Naturschutzgebiet, an dessen Ende treffen wir wieder auf den Zubringer zum Bahnhof Raisdorf. Wir fahren die Straße hoch, aber bleiben in der Rechtskurve geradeaus für einen Weg, der hier auch durch den Wildpark führt. Der Zugang ist frei. Wir folgen dem Weg, später mit einem Linksknick. Vor einer weißen Brücke führt der Weg an Häusern für 100 Meter nach rechts, öffnet sich aber wieder nach links zum Überqueren der B 202 zu einem Waldweg gegenüber! Später nach der Querung eines Brückchens wird der Untergrund etwas ruppig: Wir nehmen trotz der vielen Baumwurzeln den linken Weg. Danach bei Häusern können wir auf Betonplatten weiterfahren. Bald treffen wir auf die Stelle, wo wir am Hinweg nach rechts zum Ostufer abgebogen sind und nehmen den gleichen Weg über das Klosterareal zurück zum Bahnhof.

INFO

TOURENCHARAKTER
Rund- und Streckentouren auf wunderbaren Naturufer- und Waldwegen, teilweise eng oder ruppig. Auf dem Ostufer eine anstrengende Steigung und ein starkes Gefälle

AUSGANGSPUNKT
Bahnhof Preetz

GPS-DATEN
54.233982, 10.275691

ENDPUNKT
Bahnhof Preetz/Bahnhof Raisdorf/Bahnhof Oppendorf/Kiel Hauptbahnhof

ANFAHRT
Mit RE83 und RB84 von Kiel oder Lübeck

ABKÜRZUNG
siehe Text

VARIANTEN
Preetz–Raisdorf: 13 km
Verlängerung von Oppendorf nach Kiel: 6 km

mittel | 30 km | 425 Hm | 3.00 Std.

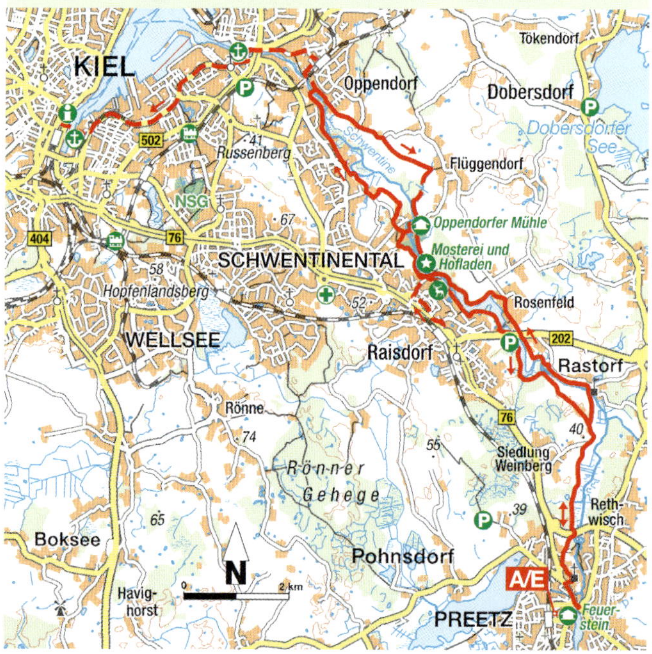

↑ Das stilisierte Mühlrad am Eingang zum Biergarten ↗ Auch der Innenraum verspricht Gemütlichkeit
↓ »Grüne Hölle am Fluss«: Hier macht man gern Pause. ↓↘ Typisch norddeutsch: Matjes mit Bratkartoffeln!

OPPENDORFER MÜHLE

Aus dem Uferwaldweg kommend rollt es sich mit Schwung ein kleines Straßenstück hinunter und plötzlich ist man da: am Ausflugslokal Oppendorfer Mühle. Eine schmale Brücke führt über die Schwentine, Enten schnattern und das Wasser rauscht. Einladend nach dem anstrengenden Trail am Uferwald liegt der Biergarten am Ufer und lockt zu einem Getränk, einer Pause mit Kaffee und Kuchen oder gar einer veritablen Mahlzeit. Sehr schön sitzt man dort im Garten in dieser »grünen Hölle« und möchte gar nicht mehr aufstehen. An Speisen gibt es all das Vertraute, was man so aus norddeutschen Ausflugslokalen kennt.

Mühlenweg 6, 24232 Schönkirchen,
www.oppendorfer-mühle.de,
Do–Di 11.30–20 Uhr

ZU SCHLOSS UND SEE

Die Probsteirunde

Auf dieser Runde begleiten wir zuerst die Schwentine auf Naturpfaden, bevor wir auf bequemem Asphalt fortsetzen. Neben der einsamen Landschaft der Probstei stehen Schloss Salzau und eine romantische Badestelle nebst Café am riesigen Selenter See auf dem Programm.

15

Das verlassene Schloss Salzau

START IN PREETZ ODER RAISDORF Wir starten in Preetz am Bahnhof. Wer mit dem Auto anreist, findet Parkplätze auf der gegenüberliegenden Seite des Bahnhofsgebäudes. Wer mit der Bahn anreist und die Tour etwas verkürzen will oder sich die engen Naturpfade der ersten zehn Kilometern ersparen möchte, kann auch in Raisdorf aus der Bahn steigen und über den Zubringer auf die Route stoßen.
Den Beginn der Tour lesen wir bei Tour 14 bis zum erwähnten Punkt, wo unsere Tour nach rechts abzweigt.

Romantische Nebenstraße in der Probstei

DER ZUBRINGER RAISDORF In Raisdorf verlassen wir das Bahnhofsgelände und überqueren die Gleise auf der Betonbrücke zur Wilhelm-Heuck-Allee. Die trifft nach einer Linkskurve auf die Straße Zum See, der wir nach links auch in ihrer Verlängerung immer folgen und 800 Meter später an der Einmündung nach rechts in die Straße Fernsichtweg einbiegen, die uns später im Wald in einer langen Kurve hinunter zu einer Brücke über die Schwentine führt. Hier treffen wir auf Tour 14. Vor der Brücke geht unsere Route nach links, dann gleich an einer zweiten Brücke wieder ans andere Ufer für einen Kilometer auf einen Waldweg. Wenn wir auf Straße treffen, fahren wir nicht hinunter zur Oppendorfer Mühle wie in Tour 14, sondern nach rechts hoch.

IN DIE GEWELLTE LANDSCHAFT Am Trennpunkt von Tour 14 fahren wir rechts aus dem Flusstal die Straße hoch. Bald tut sich ein Radweg auf, der uns bis nach Flüggendorf treu ist. Wir ahnen schon die Weite der Landschaft. Im Dorf biegen wir rechts ab und kurz hinter dem Dorf nach links auf eine schöne Straße durch einsame Landschaft. In Schädtbek an der Einmündung fahren wir links und an der darauffolgenden Einmündung nach rechts auf einen Radweg bis zur Kreuzung, wo sich auch ein kleiner Rastplatz mit Bänken und Tischen befindet. Bei den Radwegweisern folgen wir dem Radweg nach rechts, der nur scheinbar von der Straße getrennt verläuft. Am nächsten Abzweig nach links rollen wir wieder auf einer einsamen Straße durch die gewellte Landschaft, durchqueren Jasdorf und bleiben in Neuenkrug geradeaus – etwas nach links versetzt.

ZUM SCHLOSS SALZAU Hinter Friesenhof an einer Gabelung nehmen wir den linken Zweig und 800 Meter später die erste Straße nach links, die uns – eine Kreisstraße querend – direkt zum Schloss Salzau bringt. Wir fahren auf den großen Schlossvorplatz und lassen das Ensemble auf uns wirken. Links das überdimensionierte Torhaus führt ins Nichts. Schloss Salzau war bis 2011 Landeskulturzentrum und ist jetzt verwaist.

ZUM SELENTER SEE Unser Weg führt an der linken Seite des Schlosses über ein Brückchen in den Wald hinein, der an der Kreisstraße endet. Wir fahren jetzt nach rechts immer eng am Seeufer des Selenter Sees entlang, durch Fargau hindurch und hinter Grabensee die erste nach links, die etwas entfernt dem Südufer folgt. Nach zwei Kilometern geht

INFO

TOURENCHARAKTER
Rundtour mit 11 km Naturpfaden wie in Tour 14 beschrieben, dann einsame, ruhige Straßen

AUSGANGS-/ENDPUNKT
Bahnhof Preetz

GPS-DATEN
54.233982, 10.275691

ANFAHRT
Mit RE83 und RB84 von Kiel oder Lübeck

ABKÜRZUNG
Start am Bahnhof Raisdorf (spart 9 km)

GPS-DATEN
54.281313, 10.242300

mittel | 48 km | 673 Hm | 4.30 Std.

links eine etwas holperige unbefestigte Straße ab, die uns mit einer Linkskurve zum Höhepunkt unserer Tour bringt: zum **Café Badehaus** mit seiner wunderbaren Badestelle!

ZURÜCK DURCH DIE WEITE LANDSCHAFT Bevor wir wieder in die weite Landschaft kommen, folgen wir dem Weg, der von der Wiese mit dem kleinen Strand nach rechts in den Wald hineinführt. Nach einem knappen Kilometer geht rechts ein Betonplattenweg hoch zum Ort Selent. Dort biegen wir zweimal nach links und dann vor der mächtigen Kirche nach rechts ab. Erstaunlich, wie das Terrain jetzt ansteigt! Wir folgen der Straße, biegen an einer Einmündung nach links ein, erreichen einen Kreisel in einem Neubaugebiet, bleiben geradeaus und kommen so zum Ortsausgang. In Martensrade halten wir uns links, durchqueren Ellhornsberg und biegen an der folgenden Gabelung nach rechts Richtung Wittenberg ab.

EINE STRASSE WIE GEMALT Das Gut lassen wir links liegen und bleiben lange auf dieser schönen, gewundenen Straße und biegen erst in Rethwisch einmal nach rechts ab. Die Straße führt uns später durch die Vororte nach Preetz hinein. Hinter einem Kreisel biegen wir in die Erste nach links ab (Moritz-Schreber-Straße) und treffen an der Gabelung geradeaus auf einen schmalen Weg, der uns zur Innenstadt von Preetz bringt. Am Ende nach einer Kurve sind wir auf Straße, rollen noch das kleine Stück hinunter zur Einmündung und biegen dort nach links ab. An der Ampel über die Hauptstraße kommen wir auf die Schwentinebrücke und in die Fußgängerstraße. Ab hier kennen wir den Weg zum Bahnhof ja schon.

CAFÉ BADEHAUS SELENT

Ist das nun eine Badestelle mit Café oder ein Café mit Badestelle? Beides! Dieser Platz ist ein Muss für Radler – ob nun Badewetter ist oder nicht. Wenn sich der Weg zur Wiese öffnet und den Blick zum Blau des Selenter Sees freigibt, geht einem das Herz auf. Im zurückgesetzten Café gibt es hausgemachte Torten und Waffeln sowie herzhafte Piadinas, die italienische Antwort auf die allgegenwärtigen Flammkuchen. Man sitzt draußen auf den bunten Stühlen oder bei Schlechtwetter auch schon mal drinnen auf den Polstermöbeln. Empfangen wird man von den beiden Damen des Cafés – norddeutsch schnörkellos, aber ungemein herzlich und witzig. Auch die Einheimischen schauen hier gern vorbei.

Moltörp 1, 24238 Selent,
https://badehaus-cafekucheso.business.site,
In der Saison: Do–So von Mittag bis 18 Uhr

↗ Kaffee und Torte in der Mitte der Tour: was für eine schöne Pause!
→ Auch im Inneren kann man sich wohlfühlen
↓ Es ist schön hier: Hier könnte man den ganzen Tag verbringen!

Herrlicher Panoramablick auf die Feuchtwiesen am Kührener Teich

16

WESTLICHE SEENRUNDE

Von Preetz zu den Seen

Diese eher kurze Runde um den westlichen Teil der Seenplatte läuft auf idyllischen, einsamen Wegen – zuerst sogar auf einer alten Bahntrasse. Naturschutzgebiete und ein altes Gut liegen an unserer Strecke. Zum Schluss können wir in ein nostalgisches Café einkehren.

IN DEN AUEN DER ALTEN SCHWENTINE
Am Bahnhof Preetz rollen wir mit dem Rücken zum Bahnhofsgebäude nach links und unten an der Einmündung nach rechts. 100 Meter später vor der Fußgängerampel bringt uns der Doktor-Peters-Gang nach links in die Auen der Alten Schwentine. Vor der Bahnbrücke queren wir auf einem Brückchen den Fluss und halten uns danach links.

AM POSTSEE Ein Brückchen später wechseln wir wieder die Uferseite und kommen zum Uferweg des Postsees. An einem Wegedreieck fahren wir links hoch zur Straße, wo wir uns nach rechts wenden. (Wir könnten am Ufer weiterrollen, müssten aber am Ende eine Treppe in Kauf nehmen.) Nach 120 Metern auf der Straße biegen wir nach rechts ab. Die Wohnstraße wird zum Bahntrassenweg, der uns nach drei Kilometern zum Ortsausgang von Sieversdorf bringt. Wir fahren nicht vorher nach rechts ins Dorf hinein. An der Straße angekommen, biegen wir nach links auf den Radweg nach Postfeld ab.

IN DER NIEDERUNG ZWEIER FLÜSSCHEN
In Postfeld schwenken wir nach links und nehmen an der Gabelung den rechten Weg: Nun geht es idyllisch in die Niederung der Alten Schwentine und der Nettelau. Hinter einem Brückchen über die Nettelau geht ein schmaler Radweg nach rechts. Am Ende schwenken wir auf die Feldstraße nach rechts, die uns gewunden zu einer Kreuzung bringt, wo wir links zur Schwentine hinunterfahren und dann hinter der Brücke die erste nach rechts nach Kühren wählen.

AM KÜHRENER TEICH In Kühren nehmen wir die zweite nach rechts (Bahnhofsweg) und biegen am ersten Feldweg (Kirchenstieg) nach rechts ab, der uns zu einem wunderbaren Panoramapunkt bringt. Wir bleiben dem Weg treu hinunter zum Kührener Teich, einem Naturschutzgebiet, und kommen am Ende zu einem Bahnübergang.

DAS GUT WAHLSTORF Dahinter halten wir uns rechts, folgen der schönen, gewundenen Straße, überqueren die Schwentine und sehen links das Gut Wahlstorf. Dort ein bisschen nach rechts ist das Bistro der Fischerei Bock. Unsere Tour geht aber weiter geradeaus durch einsame Landschaft. Etwas später durchfahren wir eine Haarnadelkurve und danach führt die Straße etwas aufwärts um einen Höhenrücken herum. An der kom-

Tipp

OSTHOLSTEIN-ERFAHRUNG
Am Ausgang des Lanker Sees befindet sich ein öffentlicher Badestrand (Castöhlenweg 38). Statt in einer Rechtskurve entlang des Kirchsees in die Stadt zu radeln, müssen wir geradezu auf der Brücke die Schwentine überqueren und kommen nach links durch den kleinen Park zum Strand.

Zufahrt zur Gutsanlage Wahlstorf

Infotafel am Postsee bei Preetz

menden Kreuzung schwenken wir nach links und kommen später zur Kreisstraße nach Preetz. Dort fahren wir auf dem Radweg nach links bis Schellhorn und biegen in die zweite links Am Wiesengrund ein.

AM KIRCHSEE In der Rechtskurve der Straße fahren wir weiter geradeaus auf einen Weg, der mit einer Rechtskurve zur Schwentine führt, die hier aus dem Lanker See in den Kirchsee fließt. Gegenüber ist das Strandbad Lanker See. Unsere Tour jedoch geht nach der Rechtskurve immer am Ufer des Kirchsees entlang. Am Ende überqueren wir wieder die Schwentine auf einem schmalen Brückchen und sind damit direkt am Garten der **Preetzer Caféstuben**.

ZURÜCK IN PREETZ Zurück zum Bahnhof führt unser Weg in die Fußgängerstraße, wo wir nach links zum großen Markt schieben, dort links und an dessen Ende rechts in die Bahnhofstraße rollen, die uns zurück zum Bahnhof bringt.

INFO

TOURENCHARAKTER

Sehr schöne Rundtour auf einem Bahntrassenweg, Straße mit Radwegen, Feldstraßen und Radwegen

AUSGANGS-/ENDPUNKT

Bahnhof Preetz

GPS-DATEN

54.233982, 10.275691

ANFAHRT

Mit RE83 und RB84 von Lübeck oder Kiel

ABKÜRZUNG

keine

leicht | 25 km | 71 Hm | 2.00 Std.

↑ Der grüne Teil des lauschigen Gastgartens ↘ Total Retro: der Toast Hawaii
↓↘ Lieblingstorte mit viel »Schlackermaschü«

PREETZER CAFÉSTUBEN

Wenn wir am Ende unserer Tour auf einem Brückchen die Schwentine überquert haben, die hier aus dem Kirchsee herausfließt, dann liegen sie plötzlich vor uns: die Preetzer Cafestuben mit dem lauschigen Garten. Der Garten ist so einladend, dass man unbedingt hier Halt machen muss. Ob man nun einen Platz mit Strandkorb am »Strand« im unteren Teil nimmt oder einen gemütlichen Platz unter Bäumen: das ist Geschmackssache.
Innen im Fachwerkhaus geht es nostalgisch zu: Es sieht aus wie in Omas guter Stube! Dort befindet sich auch die Vitrine mit den verführerischen Torten: neben konventionellen Torten auch einige mit viel »Schlackermaschü« – Pudding oder Sahne –, wie meine Oma immer sagte. Wunderbar!
Und auch das salzige Angebot ist nostalgisch: Wo gibt es noch Toast Hawaii, Strammer Max und Kartoffelpuffer?

Lange Brückstraße 22, 24211 Preetz,
www.preetzer-cafestuben.de,
10–18 Uhr, Mo Ruhetag

Punkt mit Weitblick: An der Spitze der Kieler Förde öffnet sich das Ostseepanorama

KIELER BUCHT

Maritimes Flair und eine abwechslungsreiche Küste

Im Hafen von Burgstaaken

17

EINE INSELERKUNDUNG

Fehmarn Ost

Auf dieser bequemen Tour erkunden wir weitgehend ohne Motorverkehr die Ostseite der Insel Fehmarn auf ihrem Küstenradweg. Radler mit Ausdauer könnten Tour 18 gleich anschließen.

ZUM HAFEN BURGSTAAKEN Am Bahnhof Burg, wo der X85 hält, wenden wir uns mit dem Rücken zu den Gleisen nach rechts und queren an der Einmündung die Hauptstraße für einen Bahntrassenweg gegenüber, der uns nach zwei Kilometern zum Hafen Burgstaaken bringt: ein schöner, interessanter Ort. Hier lohnt es sich, ein wenig herumzustromern. Auf der östlichen Hafenseite biegen wir noch vor dem großen Parkplatz nach links auf einen Radweg ab, der zur Straße nach Burgtiefe führt. Hier nach rechts gewendet und wieder vor dem großen Parkplatz nach links sind wir in der Spur.

AUF DEM BOHLENWEG Der Weg führt uns zur Uferkante mit den Dünen, vor denen ein Bohlenweg läuft, den wir auch befahren dürfen. Ein herrlicher Weg! Dieser endet hinter einem großen Campingplatz und schwenkt nach links, geht an Häusern vorbei und dann wieder nach rechts. Wir sind etwas entfernt von der Uferkante, haben aber immer noch den Blick aufs Meer in der Ferne.

ABSTECHER ZUM LEUCHTTURM STABERHUK In Staberdorf biegen wir nach rechts ab. Kurz vor dem Ende der Straße an der militärischen Signalanlage können wir nach rechts zur Südostspitze mit dem Leuchtturm Staberhuk rollen. Unsere Route jedoch führt vor der militärischen Anlage herum und verläuft nun auf der Steilküste nach Norden.

AN DER STEILKÜSTE Dieser Weg ist wirklich ein Highlight! Liegebänke sind am Wegrand aufgestellt, auf denen wir für eine Pause aufs Meer blicken können. Einige lassen sich sogar drehen, z. B. um etwas Sonnenschein einzufangen. Wir passieren den Campingplatz Katharinenhof, wo es rechts zu unserer Einkehr **Waldpavillon** geht.
Zurück auf dem herrlichen Küstenweg müssen wir in den nächsten Campingplatz etwas einbiegen, um hinter dessen Zufahrt wieder zurück zur Uferkante schwenken zu können.

Tipp

OSTHOLSTEIN-ERFAHRUNG

In der Nähe des Bahnhofs befindet sich ein beeindruckendes, großes Aquarium: das Meereszentrum Fehmarn (www.mega-meereswelten.de).

AUF DEM DEICH Am Ende des Steilufers können wir auf der Deichkrone entlangrollen. In Marienleuchte im Norden angelangt, nehmen wir den ersten Weg nach links und biegen dann auf die Straße Rethen nach rechts ein. Sie macht einen Linksknick und führt zu den Gleisen und der großen Baustelle der Fehmarnbeltquerung.

Der Leuchtturm Staberhuk an der Südostspitze Fehmarns

Auf dem Radweg an der östlichen Steilküste bei Gahlendorf

IN PUTTGARDEN Nachdem wir unter den Gleisen und der Schnellstraße hindurchgefahren sind, kommen wir zum Dorf Puttgarden, schwenken an der Einmündung nach rechts und an der folgenden Gabelung wieder nach rechts zum Fährterminal. Nach Überquerung der Zufahrtsstraßen links gefahren, kommen wir zum jetzt stillgelegten Bahnhof und der Abfahrtsstelle des X85. Dieser Bus bringt uns zurück zum Ausgangspunkt. Wir könnten natürlich auch auf der Landstraße an der Dorfeinfahrt nach links zurückfahren oder aber Tour 18 gleich anschließen.

INFO

TOURENCHARAKTER
Streckentour fast nur auf Wanderwegen an der Küste

AUSGANGSPUNKT
Fehmarn Burg Bahnhof

GPS-DATEN
54.443527, 11.189289

ENDPUNKT
Fährterminal/ Bahnhof Puttgarden

ANFAHRT
Mit dem X85 ab Lübeck bis Fehmarn Burg

RÜCKFAHRT
Mit dem X85 ab Puttgarden

ABKÜRZUNG
Keine

VARIANTEN
Auf der Landstraße nach Burg zurück (7 km) macht die Strecke zur Runde; Anschluss Tour 18 ist möglich

leicht | 29 km | 0 Hm | 2.30 Std.

↑ Schlemmen mit Blick aufs Meer: Besser geht's nicht. ↘ Auch innen ist es gemütlich.
↓ Der alte Mann und das Meer ↓↘ Die Fischplatte ist sehr appetitlich angerichtet.

WALDPAVILLON

Wenn wir auf dem schönen Weg an der Ostküste Fehmarns den Campingplatz Katharinenhof passieren, müssen wir nur kurz in das Uferwäldchen abbiegen: Da liegt er dann, der Waldpavillon. Wer wie ich an eine kleine Hütte gedacht hat, täuscht sich. Ein großes, weißes Haus mit viel Parkplatz und vor allen Dingen: einer üppigen Terrasse mit einem exklusiven Blick auf die offene See. Schön ist es, dort am Windschutz zu sitzen und sich zu entspannen. Die Karte ist norddeutsch geprägt, die Zubereitung der Speisen aber ein bisschen eleganter als in anderen Restaurants. Der sehr freundliche Service lässt einen überlegen, wann man mal wieder hier vorbeischauen kann …

Katharinenhof 28, 23769 Fehmarn, www.waldpavillon.de, in der Hochsaison tgl. ab 12 Uhr

AUF DEICHEN

Fehmarn West

Diese Inselerkundung führt ohne motorisierten Verkehr durch den flachen Teil der Insel (mit einer optionalen Abkürzung) und kann einzeln oder als Umrundung mit Fehmarn Ost gefahren werden. Im westlichen Teil sollten wir auf die Windstärke und -richtung achten.

18

Idylle am Deich zur Orther Bucht

Auf unserem Deichweg treffen wir immer wieder auf Schafgatter.

NATURSCHUTZGEBIET GRÜNER BRINK
In Puttgarden lassen wir den Bahnhof und das Fährterminal hinter uns und biegen bei der ersten Gelegenheit – hinter einem heruntergekommenen Hotel – nach rechts ab zum Dorf Puttgarden. Im Dorf wenden wir uns nach rechts zur Straße Strandweg, die – wie der Name sagt – zum Strand führt. Nun wird es einfach: Wir wenden uns nach links und folgen dem eindeutigen Küstenuferweg, meist auf der Deichkrone. Ein herrliches motorverkehrsfreies Rollen steht uns bevor. Rechts das Meer oder vorgelagerte Nehrungen und Strandseen, links Wäldchen, Feuchtgebiete oder schmale, lang gestreckte Campingplätze. Wir passieren das Naturschutzgebiet Grüner Brink, durchqueren das eine oder andere Schafgatter und folgen dem Deichweg auch um die Nordwestspitze, der die Strandseen und die vorgelagerten Strände außen vorlässt.

LEUCHTTURM UND DEICHWEGE Beim Leuchtturm Westermarkelsdorf biegen wir ins Landesinnere ein, weil der Weg auf der Deichkante unbequem wird. Dazu biegen wir nach links und sofort wieder mit dem Sträßchen nach rechts ab, beim Erreichen des Dorfs gleich die erste wieder rechts: So kommen wir zur Deichkante zurück. Später rollen wir für drei Kilometer auf der Landseite des Deichs auf Asphalt. Auf der Höhe von Bojendorf lockt uns nach 18 Kilometern ein Strandimbiss zu einer ersten Pause.

AM VOGELSCHUTZGEBIET WALLNAU
Weiter geht es nun auf der Deichkante Richtung Süden. Wir passieren das Vogelschutzgebiet Wallnau, wo versteckt im Wäldchen das NABU-Haus mit seiner Ausstellung lockt und von wo verschiedene Spazierwege zu Vogelbeobachtungspunkten führen. Unsere Tour geht aber weiter südwärts. Hinter einem weiteren Wäldchen biegen wir nach links ab auf eine Straße Richtung Püttsee.

DER LEUCHTTURM FLÜGGE Dort angekommen bleiben wir geradeaus, auch wenn die Straße zum Camping Flügge nach rechts abbiegt: ein schöner, naturnaher Weg, der

Tipp

OSTHOLSTEIN-ERFAHRUNG

Auf unserer Tour kommen wir am Wasservogelreservat Wallnau vorbei. Im Sommerhalbjahr ist das Gelände mit seinen Beobachtungsstationen gegen Eintritt begehbar. Im Besucherzentrum gibt es interessante Ausstellungen (www.wallnau.nabu.de/wallnaubesuch).

uns zur Bucht Orther Reede bringt. Dort führt ein Weg nach rechts zum schönen Leuchtturm Flügge, den man besteigen kann (im Sommer Di–So 10–17 Uhr).

IM HAFEN VON ORTH Wir aber biegen nach links ab und rollen jetzt ostwärts wieder auf einer Deichkrone und erreichen dann die Landzunge mit dem Hafen Orth: eine pittoreske Hafenszenerie mit Segelbooten, alten Speichergebäuden und einem Hafenvorplatz mit Einkehrmöglichkeiten. Mich lockte das nette, alternative **Café Die Villa** mit den beiden Walnussbäumen davor.

IN LEMKENHAFEN Auf der anderen Seite der Landzunge fahren wir aus dem Hafenort wieder heraus und bleiben auf dem Radweg an der Wasserkante und erreichen später Lemkenhafen.
Wer weniger Kilometer fahren will, kann die Tour hier Richtung Burg verkürzen: Dazu biegen wir in die erste nach links ein, den Mühlenweg, und halten immer geradeaus auf die weithin sichtbare Mühle zu. Hinter der Mühle wird die Straße zum Radweg, der uns mit einem Rechtsknick nach Neujellingsdorf bringt. Hier kurz links geschwenkt und dann gleich wieder nach rechts sind wir auf einem schönen Radweg Richtung Landkirchen. Dort angekommen, müssen wir uns durch den Ort schlängeln: an der Hauptstraße nach rechts, die nächste Möglichkeit nach links, die zweite wieder nach links. So kommen wir

↓ Auf dem Deich bei Westermarkelsdorf
↘ Segler im Hafen von Burgstaaken

Die Mühle im Lemkenhafen ist jetzt ein Museum.

zu einer Hauptverbindungsstraße nach Burg, in die wir nach rechts auf einen Radweg einschwenken. Später kommen wir nach Burg hinein, wo es plötzlich städtisch geschäftig wird. Wenn wir den Stadtpark auf der linken Seite sehen, biegen wir nach links ein und erreichen den Bahnhof.
Ohne Abkürzung passieren wir in Lemkenhafen den Segelhafen mit weiteren Einkehrmöglichkeiten, folgen dem gewundenen Straßenverlauf und biegen am Ortsausgang nach rechts ab, um an der Wasserkante zu bleiben. An einer Feriensiedlung schwenkt der Radweg kurz ins Landesinnere, um dann später wieder zu einem Radweg auf der Deichkante zurückzukehren.

KITER UND SURFER Hier ist der beliebte Hotspot für Kiter und Surfer, die in der flachen Bucht ein wunderbares Trainingsgebiet haben. In Gold hört der Küstenweg nur scheinbar auf: Wir folgen weiter dem Küstenverlauf jetzt für ca. 600 Meter auf einem Trampelpfad, der zwar schmal ist, aber sich gut befahren lässt. Allerdings: Vorsicht in den Kurven vor entgegenkommenden Radfahrern! Die Küste ist hier für ein kleines Stück nicht flach. Bald sind wir wieder auf einem guten Deichkronenweg. Wir passieren Skulpturen aus Stahl, die uns zum Sitzen und Schauen einladen.

IM SÜDEN DER INSEL Bald danach sind wir wirklich im Süden der Insel angekommen: Die Fehmarnsundbrücke ist schon ganz nah. Der Deichkronenweg hört auf und wir biegen nach links auf die zentrale Achse eines riesigen Campingplatzes ab. Auch hier lockt ein Restaurant zur Einkehr. Wir verlassen den Campingplatz und müssen einen Schlenker ins Landesinnere machen: Die einzige Straße führt uns nach Strukkamp, wo uns gleich die erste nach rechts zur Unterquerung der Fehmarnsundbrücke führt.

AN DER FEHMARNSUNDBRÜCKE Auf der anderen Seite der Brücke folgen wir dem Küstenverlauf immer fast geradeaus durch die Ferienhausbebauung, bleiben rechts an einer Einmündung, umfahren einen Campingplatz links herum und kommen auf dieser Straße nach Wulfen. Dort an der Einmündung kurz nach links geschwenkt und dann wieder nach rechts gelangen wir zu einer weiteren Bucht.

AM HAFEN BURGSTAAKEN Am Wasser angekommen, rollen wir nach links wunderbar auf einem weiteren Deichweg bis zum Hafen Burgstaaken. Hier im Hafen ist auch mein favorisiertes **Café Kontor**. Jetzt haben wir es nicht mehr weit: Nach einer kontemplativen Pause oder gar einer weiteren Caféeinkehr folgen wir den Spuren der Schienen nach links in ein kleines Wäldchen: Die Schienen verraten uns, dass wir uns auf einem Bahntrassenweg befinden, der schnurgeradeaus bis nach Burg führt. Obwohl wir hier in einen Flow kommen könnten, müssen wir achtsam sein mit dem motorisierten Querverkehr. Am Ende des Bahntrassenwegs müssen wir nur die Hauptstraße überqueren und kommen so zum Bahnhof.

INFO

TOURENCHARAKTER
Streckentour vorwiegend auf oder an Deichen

AUSGANGSPUNKT
Fährterminal/Bahnhof Puttgarden

GPS-DATEN
54.500935, 11.226208

ENDPUNKT
Bahnhof Fehmarn Burg

ANFAHRT
Mit dem X85 von Lübeck Hauptbahnhof

ABKÜRZUNG
Ab Lemkenhafen; siehe Beschreibung im Text (37 km)

VARIANTE
Von Burg auf der Landstraße zurück nach Puttgarden (7 km) macht die Strecke zur Runde

leicht | 46 km | 51 Hm | 4.00 Std.

CAFÉ DIE VILLA

Orth ist definitiv ein malerischer Ort, in dem wir verweilen sollten. Dazu passt die alte Jugendstilvilla mit den Bäumen davor. Betrieben wird das Café von sympathischen, jungen Aussteigern. Das Angebot ist schmal, aber der Platz vor dem Haus unter den Walnussbäumen mit Blick auf den kleinen Hafen ist romantisch: ein Muss für eine Kaffeepause!

Am Hafen 4, 23769 Fehmarn,
www.facebook.com/cafedievillaimorth,
tgl. 12–20 Uhr

CAFÉ KONTOR

Das Café Kontor befindet sich im ehemaligen Kontorgebäude der Getreidemühle Kölln. Heute werden hier selbst gebackene Torten und Eisbecherkreationen serviert. Vom gemütlichen Cafégarten – vielleicht zurückgelehnt im Strandkorb – kann man die Aktivitäten an der Wasserkante und im Hafenbecken beobachten.

Burgstaaken 57, 23769 Fehmarn,
www.cafekontor.de,
Sommer Mi–Mo 12–18 Uhr

↑ Im schönen Garten des Café Kontor in Staaken ↗ Das Café Die Villa: Plätze unter Bäumen mit Blick auf den kleinen Hafen ↓ Und immer wieder: Käsekuchen! ↓↘ Im kuscheligen Strandkorb genießen

In der Bruchlandschaft des Oldenburger Grabens

19

VOM LÄNDLICHEN IN DEN TRUBEL

Von Oldenburg nach Großenbrode

Wir durchqueren vom einsamen Oldenburger Graben kommend die ländliche Halbinsel Wagrien bis zum quirligen Seebad Heiligenhafen und beenden in Großenbrode.

AM OLDENBURGER GRABEN Mit dem Rücken zum Bahnhof rollen wir auf der vor uns liegenden kurvigen Straße auf dem Radweg nach rechts. Er führt uns in eine Unterführung, wo wir den Weg nach rechts unter den Bahngleisen hindurch nehmen: Und schon sind wir in schönster Bruchlandschaft des Oldenburger Grabens! Wir rollen auf einem Weg gesäumt von Kopfweiden – etwas, was man nur noch selten sieht. Zur kommenden Brücke fahren wir rechts und an der nächsten Wegekreuzung nach links. An der nächsten Wegeinmündung wenden wir uns nach links und am Abzweig danach auch nach links. Wir überqueren wieder den Graben auf einer größeren Brücke und folgen dem Weg durch ein Wäldchen. Am zweiten Abzweig biegen wir nach rechts und folgen diesem langen Weg mit seinem Rechtsknick bis zum Dorf Göhl.

DURCHS LÄNDLICHE WAGRIEN Hier biegen wir in die erste nach links ein, überqueren die Hauptstraße etwas nach links versetzt und folgen jetzt nach rechts dem Sträßchen parallel zur Bahn auf einem schönen Radweg. Nach vier Kilometern ändern wir unsere Richtung nach Norden und nehmen in Heringsdorf die erste Straße nach links. Wir überqueren die Bahngleise, folgen der Straße mit ihrem S-Bogen durch Klötzin, und kommen so durch eine herrliche Landschaft zu einer Bauernhofansammlung an der L 60. Hier kurz nach links gewendet, geht es sofort wieder nach rechts am Wegweiser Meeschendorfer Weide.

ZWISCHEN DEN FELDERN Wenn wir nach einem Linksknick das erste Haus erreichen, müssen wir die Zähne zusammenbeißen: Es geht nach rechts auf den holperigen Feldweg. Aber nach 600 Metern befinden wir uns wieder auf festem Untergrund und steuern Neuratjensdorf an. An der Hauptstraße rollen

↑ Skulptur auf dem Steinwarder in Heiligenhafen
↓ Straßenmusiker in Heiligenhafen

Gedenkstein in der Bruchlandschaft

wir kurz nach rechts, um dann an der nächsten Möglichkeit nach links wieder unsere ursprüngliche Richtung Norden einzunehmen. Nach dem letzten Haus tut sich links auch ein Radweg auf. Bei einem Wäldchen trennt sich der Radweg kurz von der Straße, um dann bei Häusern nach rechts wieder an die Straße zurückzukommen.

IN HEILIGENHAFEN Jetzt haben wir doch tatsächlich noch einige Hügel zu bewältigen, bevor wir hinter der Autobahn immer geradeaus durch die Vororte von Heiligenhafen auf die Wasserfront zuradeln. Im alten Teil von Heiligenhafen fahren wir kurz auf Kopfsteinpflaster und passieren den Marktplatz mit dem Rathaus. Hier könnte man schon einmal eine Kaffeepause machen; ich würde aber noch warten. Wir fahren jetzt um die Lagune herum. Wer wenig Zeit hat, kann hier abkürzen und am Wasser gleich nach rechts fahren. Ein so touristischer Ort wie Heiligenhafen hat ja nicht nur ansprechende Seiten, sondern auch seine Betonburgen. Aber der Radweg ist schön und führt uns direkt an der Lagune entlang, wo man die Segel- und Windsurfingschüler beobachten kann. Kurz vor der drohenden Betonburg hört der Radweg unvermittelt auf.

ZUM STEINWARDER Wenn man jetzt der Straße folgt, landet man irgendwann in der Sackgasse. Aber dort, wo »Radfahrer absteigen« steht, geht es weiter. Das Absteigen bezieht sich nur auf die kleine Rampe, die den

Höhenunterschied überwinden hilft. Wie immer in den Badeorten ist die Radwegbeschilderung nicht konsistent: Man will die Promenaden für die Touristen von Radfahrern frei halten, was man verstehen kann. Kurz hinter dem »Radfahrer absteigen«-Schild kommen dann schon wieder Schilder, die auf geteilte Nutzung hinweisen.

ZUM AUSSICHTSPUNKT Hinter einer kleinen Brücke wird es wieder nett. An der Wasserkante machen wir einen kurzen Abstecher nach links zu einem Aussichtspunkt und einem Strandabschnitt. In der Ferne sieht man die Fehmarnsundbrücke und im Westen wieder ein Stück Steilküste, die zur Bildung dieses Nehrungshakens beigetragen hat. Dann fahren wir zurück und hier auf dem Steinwarder über einen schönen, breiten Radweg nach Osten, immer an der Dünenkante entlang. Etwas hinter der Seebrücke treffen wir scharf rechts auf eine Straße.

ZUM GRASWARDER? Wer will, könnte noch weiter geradeaus auf den Graswarder fahren – vielleicht bis zum NABU-Haus. Die letzte Spitze des Graswarders ist Naturschutzgebiet. Unser Weg jedoch geht in spitzem Winkel auf der Straße zurück in den Ort. Nur wenige Meter später queren wir die Flaniermeile mit den Restaurants, Boutiquen und Cafés. Hier ist Schieben angesagt. Rechts liegt unser Einkehrziel »**Bretterbude**« mit einem tollen Blick auf die Ostsee hinaus.

AN DER FLANIERMEILE Es lohnt sich auf jeden Fall – nach der Einkehr – das Fahrrad durch die Flaniermeile zu schieben. Sie endet dann am Jachthafen und einer Brücke über die Lagune.

Der Hafen mit Seenotrettungskreuzer und Polizeischiff in Heiligenhafen

Am Ende der Brücke biegen wir nach links ab und halten uns an die Wasserkante – auch dann noch, wenn es jenseits der Restaurants an den Kaianlagen der Hafenwirtschaft vorbeigeht.

AUF EINEM EHEMALIGEN BAHNDAMM

Nach den Anlegern der Seglervereinigung halten wir uns an den oberen von zwei grünen Uferwegen, der bald in den Damm einer ehemaligen Bahntrasse übergeht. Diesem Weg folgen wir geradeaus bis zu seinem Ende in Lütjenbrode. Hier biegen wir nach links ab.

EIN WANDERWEG DURCH DIE FELDER

Am Ortsausgang lockt uns ein Schild »Rad- und Wanderweg« nach Großenbrode – ein Leckerbissen, den man sich nicht entgehen lassen sollte. Der Weg quert einmal die Gleise der Bahn und folgt dann meist den Gleisen – immer auf der rechten Seite. Auf Höhe des Bahnhofs führt uns der Weg durch eine Siedlung zu einer Hauptstraße, wo wir auf dem Radweg nach links fahren. Nach der nochmaligen Überquerung der Bahngleise sind wir am Ziel.

ZURÜCK ZUM AUSGANGSPUNKT Der Bus X85 des Schienenersatzverkehrs fährt alle 60 Minuten. Wer auf ihn warten muss, kann kurz hinter dem Bahnübergang die Zeit im **Café Flinnerk** sehr angenehm bei Kaffee und Torte verbringen und die Rückfahrt vielleicht noch um einen weiteren Bus verschieben.

INFO

TOURENCHARAKTER
Streckentour auf Wanderwegen, straßenbegleitenden Radwegen, einem Feldweg und kleinsten Straßen

AUSGANGSPUNKT
Bahnhof Oldenburg

GPS-DATEN
54.284341, 10.882198

ENDPUNKT
Großenbrode Dorfmitte Bushaltestelle

ANFAHRT
Mit dem X85 von Lübeck

RÜCKFAHRT
Mit dem X85 nach Oldenburg/ Lübeck oder Bus 5811 nach Oldenburg

ABKÜRZUNG
Von Heiligenhafen Wilhelmsplatz (Kreisel im Osten) mit Bus 5811 oder Bus 5804 nach Oldenburg

leicht | 37 km | 53 Hm | 3.00 Std.

↑ Nur scheinbar eine Bretterbude: Holzklasse mit exklusivem Blick aufs Meer

↘ Norddeutsche, rauhe Ansprache, aber gutes Essen! ↓↘ Leckere Torten an unserem Ziel im Café Flinnerk

BRETTERBUDE

Sich für ein Restaurant im Touristenort Heiligenhafen zu entscheiden, ist angesichts der Auswahl schwer. Ich habe mich für ein Hotel mit einem weiten Blick über die Ostsee entschieden.
Der Name Bretterbude ist natürlich nicht ernst gemeint und ein Wortspiel für dieses Design-Sporthotel. Tatsächlich ist es an der Außenfront mit Brettern verkleidet, die Veranda und die Sitzmöbel sind in rustikalem Holz. Rustikal ist auch die Ansprache der Kunden auf der Internetseite und der Speisekarte. Schon der Gang auf die Herrentoilette macht klar, dass sich hier ein Designer ausgetobt hat. Aber der Blick auf das Meer ist schön und das Speisenangebot neben den üblichen Flammkuchen und Burgern doch erstaunlich abweichend vom bekannten Einerlei.

Seebrückenpromenade 4, 23774 Heiligenhafen, www.bretterbude-hhf.de, tgl. ab 12 Uhr

CAFÉ FLINNERK

Das originelle Café Flinnerk bietet eine Mischung aus Pflanzen, Kunstgewerbe sowie Eisbechern und Torten und liegt am Ziel unserer Tour in Großenbrode. Es kann uns die Wartezeit auf den Bus für unsere Rückfahrt versüßen.

Teichstraße 32, 23775 Großenbrode, www.flinnerk.de, Mo–Sa 9–17 Uhr

AUF DEM OSTSEEKÜSTENRADWEG

Von Oldenburg über Schönberger Strand nach Laboe

Die Strecke zwischen Sehlendorf und Schönberger Strand ist für mich der schönste Abschnitt des Ostseeküstenradwegs in Schleswig-Holstein. Es ist gut, die Windrichtung zu beachten und vielleicht das Ende zum Anfang zu machen. Teile unserer Tour müssen wir bei Tour 22 und 23 nachlesen.

20

Die lange Seebrücke am Schönberger Strand

Wo die Kranische rasten und schlafen: die Nehrung am Sehlendorfer Binnensee

GESCHICHTSTRÄCHTIGES OLDENBURG Von unserem Startpunkt am Bahnhof in Oldenburg fahren wir auf die Umgehungsstraße nach rechts, und nehmen dann kurz danach die Unterführung des Radwegs nach links auf einen Weg, der zur Schuhstraße führt, wo wir nach rechts zum Marktplatz rollen. Dort biegen wir nach links in den Vizelinsgang ein, fahren an der Kirche auf ihrer rechten Seite vorbei, verlassen das Kirchengelände nach rechts zur Wallstraße, wo wir nach rechts und gleich wieder nach links abbiegen. Die Straße führt uns zum beeindruckenden Wallring. Hier wird die Fantasie angeregt, wie es wohl im frühen Mittelalter hier ausgesehen haben könnte. Wir verlassen den Wallring für einen schmalen Weg gegenüber, überqueren noch eine sandige Straße und biegen im kleinen Wäldchen danach nach rechts ab. Wir passieren den großen Parkplatz des Wallmuseums und biegen beim Erreichen der Straße auf einen Radweg nach links.

ZUM WEISSENHÄUSER STRAND Wir folgen dem Radweg, überqueren uns rechts haltend die Autobahn und kommen kurz ins Ländliche. Nach einem Linksknick biegen wir nach rechts in die Strandstraße ab, der wir nun für eine ganze Weile folgen müssen (6 km). Hinter der Ferienanlage Weißenhäuser Strand – nach Querung des Oldenburger Grabens – können wir die Straße nach rechts verlassen für einen motorverkehrsfreien Weg zum Strand. Bald kommt links von uns das Schloss Weißenhaus, das jetzt ein Ferienresort ist. Hier am Strand könnten wir unsere Füße schon einmal ins Ostseewasser halten. Am Beginn der Steilküste knickt unsere schöne Straße nach links ab und führt auf die B 202 mit ihrem wunderbaren Radweg.

In Döhnsdorf gesellt sich jetzt die Tour 22 für eine geraume Weile zu uns. Wir folgen der Beschreibung dort bis zum Edeka-Markt in Hohwacht.

Tipp

OSTHOLSTEIN-ERFAHRUNG

Der alte slawische Wallring und das Wallmuseum bieten uns Einblicke in die Zeit der Slawen. An den Slawentagen im Sommer entsteht im Museum eine beeindruckende Mittelalterwelt. www.oldenburger-wallmuseum.de

EIN STRANDKORBCAFÉ DIREKT AM WASSER Unser Einkehrziel für diese Tour finden wir, indem wir dem Radweg geradeaus folgen und kurz hinter dem Edeka-Markt nach rechts auf die Stichstraße mit dem Hinweisschild **Genueser Schiff** einbiegen, der Betonstraße noch über den Hotelparkplatz hinaus folgen und zweimal mit ihr nach rechts abbiegen. Wir sind dann auf dem Uferweg und sehen das Strandkorbcafé schon von Weitem. Die weitere Tour führt anschließend auf der Deichkrone nach rechts zum Hafen Lippe. Links von uns liegt der Große Binnensee.

WEITER MIT TOUR 23 Zu uns hat sich nun Tour 23 gesellt, der wir bis hinter Kembs folgen und auch dort nachlesen. Hinter Kembs mit seiner scharfen Rechtkurve nehmen wir an der folgenden Gabelung den rechten Abzweig.

IM SCHÖNEN HINTERLAND Wir pedalieren eine schöne Straße mit weitem Blick über die Landschaft hoch. Die Zufahrtsstraße zum Bundeswehrgelände überqueren wir und kommen nach Satjendorf hinein. Über die Dorfstraße hinüber und an schönen Häusern vorbei wird unsere Straße nun zu

Der schöne Umrundungsweg am Strandsee bei Schmoel

Das Brückchen über die Mühlenau bei Hohenfelde Strand

einem lauschigen, gut zu befahrenden Feldweg. An der Einmündung in Monkamp biegen wir nach rechts ab und 500 Meter später nach der Rechtskurve nach links. Die Straße wird zum Weg und führt uns zurück zur Küstenlinie.

ZURÜCK AM WASSER Kurz vor der Wasserkante biegen wir links ein, passieren die Mühlenau auf einem kleinen Brückchen, und kommen nun zum Strandweg. Links liegt der Campingplatz Seeblick. Ein kleines Stück können wir dem Weg folgen und müssen dann noch einmal auf einen schmalen Pfad ins Binnenland einschwenken, weil der Fußweg geradeaus nicht fahrradgängig ist. Wir haben Blicke auf saftige Wiesen und knorrige Bäume.
Wir landen dann rechts vom Campingplatz Radeland an der Straße, die uns rechts nach 500 Metern zum Hohenfelder Strand bringt. Jetzt können wir wieder dem Strandweg folgen.

NATURSCHUTZGEBIET MIT STRANDSEE
An einem Aussichtsturm umfahren wir nach links in einem Halbbogen ein renaturiertes Gelände. Später kommt noch ein größeres, idyllisches Naturschutzgebiet, das wir ebenfalls in einem Halbbogen auf einem Pfad umfahren können. Zurück an der Wasserlinie erreichen wir jetzt die Deichlinie, wo wir auf der Wasserseite auf Asphalt nun gut dahinrollen können. Bald kommt Schönberger Strand in Sicht. Wollen wir hier enden, müssten wir den Bus 200 nach Kiel Hauptbahnhof nehmen.

Tipp

OSTHOLSTEIN-ERFAHRUNG

Zu Fahrten mit der Museumsbahn siehe den Tipp unter Tour 13 Schönbergrunde. Aber auch der Besuch des Museumsbahnhofs ohne eine Mitfahrt lohnt sich! www.vvm-museumsbahn.de

ENTLANG DER DEICHLINIE NACH LABOE

Allen mit noch genügend Kraft und Ausdauer empfehle ich, den leichten Tourabschnitt von 16 Kilometern bis nach Laboe noch oben draufzulegen und den Tag anschließend mit einer herrlichen Wasserfahrt bis zur Anlegestelle am Kieler Hauptbahnhof abzuschließen.
Dazu fährt man einfach an der Deichlinie weiter, passiert Kalifornien, Brasilien, Heidkate, Wendtorfer Strand und Stein. Hinter Stein zweigt der breite Küstenweg nach links auf einen schmalen Weg ins Binnenland ab. An der Straße mit Radweg fahren wir dann nach rechts. Nach einem riesigen Campingplatzgelände, hinter einer Linkskurve, finden wir noch ein kleines Stück Strandweg, der am Ende auf die Strandstraße führt, die uns direkt zum Anleger der Fördeschifffahrt bringt.

INFO

leicht | 63 km | 169 Hm | 5.00 Std.

TOURENCHARAKTER

Streckentour auf verkehrsarmen Straßen, straßenbegleitenden Radwegen, Wanderwegen und im letzten Teil asphaltiertem Weg auf der Landseite des Dünenwalls

AUSGANGSPUNKT

Oldenburg Bahnhof

GPS-DATEN

54.284341, 10.882198

ENDPUNKT 1

Schönberger Strand (47 km)

ENDPUNKT 2

Fähranleger Laboe

ANFAHRT

Von Lübeck mit Bus X85

RÜCKFAHRT 1

Von Schönberger Strand mit Bus 200 nach Raisdorf oder Kiel, dann ggf. mit RE83 oder RB84 zurück nach Lübeck

RÜCKFAHRT 2

Mit dem Schiff der Fördelinie 1 nach Kiel Hbf., dann ggf. mit RE83 oder RB84 zurück nach Lübeck

ABKÜRZUNG

Von Hohwacht Strandstraße mit dem Bus 350 nach Plön

VARIANTEN

Kombinationen mit Tour 22 und 23 möglich

↑ Mein Lieblingsblick vom Strandkorbcafé am Hotel Genueser Schiff ↘ Im Strandkorb: Schutz und trotzdem Meeresbrise selbst bei ungünstigem Wetter ↓↘ Salat und Hechtfilet: norddeutsch der feineren Art

GENUESER SCHIFF

Das Café-Restaurant Genueser Schiff in Hohwacht kenne ich schon seit Jahrzehnten. Meines Wissens war es das erste mit einem Strandkorbcafé, bevor es erfreulicherweise überall Mode wurde. Hier jedoch ist die Aussicht von den Strandkörben aufs Meer unübertroffen: einer meiner Lieblingsplätze! Zu Beginn diskutierte ich einmal mit dem Besitzer Herrn Brandt über den schleppenden Service, was an der Ausrichtung der Strandkörbe Richtung Meer lag. Ein Jahr später waren dann an jedem Strandkorb kleine Fahnenmasten mit einer Flagge angebracht, die man auf Halbmast zieht, wenn man einen Wunsch hat. Das nenne ich einmal kreativen Umgang mit Kundenanliegen.

Ich esse hier meistens den Käsekuchen oder den Apfelstrudel. Aber auch die herzhafte Küche hat ein gehobenes Niveau. Vor lauter Entzücken über die traumhafte Lage und das schöne reetgedeckte Äußere des Hotels sollte man nicht versäumen, einmal ins Innere zu gehen: Die kleine Bar im Stil einer Schiffskajüte ist der ideale Verweilplatz, wenn es draußen mal zu ungemütlich werden sollte.

Seestraße 18, 24321 Hohwacht (Ostsee), www.genueser-schiff.de, tgl. 12.30 Uhr, Di Ruhetag

An der Niedermühle bei Lütjenburg

21

BERG UND TAL

Die östliche Runde um Lütjenburg

Auf dieser Tour rollen wir auf einsamen Wegen und Straßen durchs Hinterland der Hohwachter Bucht, besuchen einen wunderbaren Erlebnisgarten und lernen noch etwas über die Frühgeschichte dieser Gegend.

NACH FRIEDERIKENTHAL Zusammen mit Tour 22 ist unser Startpunkt der ZOB in Lütjenburg. Wir rollen die Oldenburger Straße hinunter und überqueren die Einmündung zur Bundesstraße zum Radweg auf ihrer linken Seite. Hinter der Einmündung der Straße nach Hohwacht queren wir die Bundesstraße an der Fußgängerampel und erreichen damit rechts hinauf Schmiedendorf. In einem Bogen durchfahren wir diese kleine Häuseransammlung und biegen danach nach rechts in die gerade, unbefestigte Straße Richtung Friederikental ein. Und schon sind wir in schönster, beschaulicher Landschaft.

EIN SCHLOSS IN EINSAMER LANDSCHAFT Die Straße macht später einen Linksknick, durchläuft Friederikental und endet nach vier Kilometern an der K 27. Hier rollen wir auf dem Radweg kurz nach links und biegen bald nach rechts in die Straße nach Kletkamp ein. Die Betonplattenstraße führt uns in einem hübschen Parcours durch Feld und Wald zum Schloss Kletkamp. An einer Einmündung halten wir uns rechts und rollen in einem Bogen auf das Torhaus des Schlosses zu: eine wunderschöne Gutsanlage wie so viele hier in Ostholstein. Für Fotos werfen wir einen Blick durchs Torhaus in die Anlage. Dann folgen wir weiter der Straße um den Teich herum und biegen nach 150 Metern am Schild »Anlieger frei« nach links.

ES WIRD BERGIG Jetzt kommt ein wunderschöner, einsamer, aber auch herausfordernder Abschnitt auf uns zu. Wir überqueren ein Brückchen über den Teich und rollen auf einem Betonplattenweg die Anhöhe Wittenberg hoch. Tief unter uns liegen weitere Teiche, wo die Frösche ihr Konzert veranstalten. Es geht anstrengend auf und ab, bis wir auf diesem Weg bleibend hinter dem nächsten Waldstück Hähnersaal erreichen. **Hier trennt sich unsere Tour von Tour 22.**

ZUM ERLEBNISGARTEN Wir fahren nun nach links genussvoll abwärts, biegen an der Einmündung nach rechts ein und folgen dieser lauschigen Straße über Rathlau und Friedrichsleben nach Kaköhl. Dabei überqueren wir die L 258, fahren im Ort mit der Straße einen Bogen und landen am Ende an der B 202, wo wir auf den schönen Radweg nach links einbiegen und ihm bis Futterkamp folgen. Hier sehen wir schon unser Einkehrziel **Filippos Erlebnisgarten**. Im blauen Haus werden wir fündig.

DIE STEINZEIT LÄSST GRÜSSEN Nach der Pause haben wir noch einen interessanten, kleineren Teil vor uns. Auf dem Parkplatz wenden wir uns nicht der Ausfahrt zu, sondern nach links. Hinter dem Ende erreichen wir auf einem Pfad einen Zaundurchlass zum Radweg, folgen diesem 150 Meter nach links und überqueren die belebte Bundesstraße zu einem Feldweg gegenüber, der uns gewunden zu einer kleinen Anhöhe (Ruserberg) führt, wo unter Bäumen ein archäologisches Grabdenkmal aus der Steinzeit steht. Kleine Tafeln erklären uns die Geschichte. Es lohnt sich, in

Tipp

OSTHOLSTEIN-ERFAHRUNG

Der Sehlendorfer Binnensee ist ein Naturschutzgebiet von herausragender Bedeutung. Durch den sogenannten Broek, den Abfluss in die Ostsee, dringt mehrfach im Jahr Salzwasser in den Binnensee und lässt dadurch ein Brackwasserbiotop mit seinen besonderen Pflanzen entstehen. Der Binnensee ist ein Vogelparadies von ungeheurer Vielfalt. Es lohnt sich, ein Fernglas mitzuführen und vom Beobachtungsstand die verschiedenen Wasservögel zu entdecken. Auch Kraniche haben hier ihren Standort.

diesen Hain hineinzugehen. Wir folgen danach weiter dem Feldweg und fahren an der Einmündung nach links. Die geteerte Straße wird zum Weg und führt uns zwischen den Geländen des Golfplatzes zur Straße nach Hohwacht. Vorsicht: In der Senke könnte es je nach Witterung sandig oder matschig werden.

DIE MÜHLE AM RAUSCHENDEN BACH

Wieder an der Straße, biegen wir nach links auf einen der schönsten Radwege dieser Gegend ein. Wir steuern jetzt die Niedermühle an der Kossau an. Einen frühen Wegweiser ignorieren wir, weil der Wanderweg dort nicht fahrradgängig ist. Nach zwei Kilometern kommt dann rechts der Weg hinunter zur Kossau: Am Anfang leuchtet ein blaues Fußgängerschild mit dem Zusatz »Radfahrer erlaubt«. Der Weg führt uns hinunter in das wilde Tal der Kossau und zum Mühlenteich: eine romantische Stelle! Hinter der Staustufe geht es links wieder hoch nach Lütjenburg; zum Schluss ein kurzes Stück recht steil. Hinter dem Parkplatz der Aldi-Filiale biegen wir nach links ab und erreichen dann vor der B 202 nach rechts wieder unseren Startpunkt.

INFO

TOURENCHARAKTER

Rundtour auf straßenbegleitenden Radwegen, Betonplattenwegen und Feldstraßen und Wanderwegen, im Mittelteil jedoch mit anstrengenden Steigungen (ca. 3 km)

AUSGANGS-/ENDPUNKT

ZOB Lütjenburg

GPS-DATEN

54.292429, 10.594025

ANFAHRT

Bus 350 von Plön/Bus 310 von Oldenburg/Bus 310 von Kiel/Bus 310 und 315 von Raisdorf

ABKÜRZUNG

Durch Blekendorf zur B 202 (15 km)

leicht | 29 km | 245 Hm | 2.30 Std.

FILIPPOS ERLEBNISGARTEN

Jeder, der auf der B 202 Futterkamp durchfährt, sieht ihn von Weitem: Filippos Erlebnisgarten. Klar ist auch, dass dieser offensichtlich auf Kinder ausgerichtet ist: eine gelungene Mischung aus Abenteuerspielplatz, Streichelzoo, Selbstpflücke und Café: Da muss man einmal gewesen sein. Sehnsüchtig betrachte ich das echte Floß über einen versteckten Tümpel, das alte Holzboot, die Obstkistenrutsche, das Heuballentrampolin und vieles mehr und bedauere, kein Kind mehr zu sein. Überall auf dem Areal – mal vor, mal hinter Gittern – sind Streicheltiere wie Ziegen, Schafe, Hühner, Kaninchen: eine Attraktion, besonders wenn Fütterungszeit ist. Dann dürfen alle Kinder mitkommen und mitfüttern. Wer mit selbstständigen Kindern unterwegs ist, sieht die so schnell nicht wieder und kann sich mit Weitblick auf das Gelände gemütlich auf die Terrasse des Cafés setzen und die hausgemachten Kuchen und Kaffeespezialitäten genießen. Bei windigem Wetter bietet ein Glashaus Schutz. Chefin Kirsten Manthey ist hier bekannt und hat für jeden ein gutes Wort. Im kleinen Hofladen kann man dann noch das eine oder andere kleine Souvenir aus lokaler Fabrikation erwerben …

Blekendorfer Berg 1a, 24327 Blekendorf, www.filippos-erlebnisgarten.de, tgl. 12–17 Uhr

↑ Gehen wir die Ziegen füttern? ↗ Tagesfrische, hausgemachte Kuchen → Im Hofladen kann man auch noch für das Abendessen einkaufen. ↓ Besonders mit Kindern gibt es keinen besseren Platz für eine Pause.

DIE ESSENZ OSTHOLSTEINS

Die große östliche Runde um Lütjenburg

Auf dieser Runde erleben wir alles, was Ostholstein ausmacht: Einsamkeit, Hügel, Wald, ein Schloss, Steilküste und ein Vogelparadies an einem Strandsee. Und am Ende ein Besuch der Rotklinkerstadt Lütjenburg.

22

In der herrlichen Landschaft fühlen sich Mensch und Tier gleich wohl.

BEGINN WIE TOUR 21 Die ersten 13 Kilometer sind identisch mit Tour 21. Da haben wir schon einsame Hügel, ein Schloss und einen angenehm zu fahrenden Betonplattenweg hinter uns.

ZUM HASENBERG In Hähnersaal angekommen, fahren wir anders als in Tour 21 geradeaus. Hinter dem Gutshof Groß Rolübbe wird die Straße zur Feldstraße, die sich durch die Felder windet.
Wir nehmen nicht den versteckten Abzweig links nach Ellert, sondern erst den zweiten zum Hof Hasenberg. Oben auf der Höhe steht eine Bank, wo wir noch einmal den wunderbaren Weitblick genießen können. Der Betonplattenweg führt mit einem Linksknick nach Nessendorf hinein. Wir fahren auf der Hauptstraße kurz nach links und biegen schon bald nach rechts in den Geschenberger Weg ab. Die schöne Feldstraße geht noch einmal kurz hoch und wieder runter, an einer Eselweide vorbei und geht an einer Einmündung auf Asphalt über. Dort halten wir uns links.

ABWÄRTS DURCH DIE DÖRFER Jetzt geht es abwärts, rechts haltend nach Barensdorf hinein, am Ortsende links haltend bis nach Döhnsdorf. Der Dorfverein hat hier Informationsschilder zu historischen Häusern aufgestellt. Am Ende mündet unsere Straße in die B 202, wo wir uns auf dem schönen, eigenständigen Radweg nach links bewegen.

ZUSAMMEN MIT TOUR 20 **Hier kommt auch die Tour 20 dazu**, die uns bis zum Edeka-Markt in Hohwacht begleitet. Nach etwa einem Kilometer zeigt die Radwegweisung nach rechts. Vorsicht jetzt, nicht zu viel Schwung! Wir müssen den Wall auf Straßenniveau hoch; oben ist jedoch nicht genügend ebener Halteplatz, um den lebhaften Verkehr zu beobachten.

AUSSICHTSSTRASSE Jetzt gegenüber gelangen wir wieder auf eine zauberhafte Nebenstraße, die uns nach einer Linkskurve schon einmal wunderbare Ausblicke auf die Ostsee beschert. In Sehlendorf fahren wir nach rechts und dann in rasanter Abwärtsfahrt zum Strand hinunter. Radfahren auf dem Fußweg ist erlaubt, aber wegen der Hofausfahrten nicht ganz ungefährlich.

EINZIGARTIGES NATURSCHUTZGEBIET Unten am Strand biegen wir nach links auf den großen Parkplatz ab, an den ein Wanderweg durch ein Naturschutzgebiet anschließt. Eine Brücke bringt uns über die Nessendorfer Mühlenau, den Ausfluss des Sehlendorfer Binnensees in die Ostsee. Die Strecke ist zu jeder Jahreszeit schön. Hinter der Brücke können wir nach links zu einer Kanzel zur Vogelbeobachtung schieben. Im Stiftungsland stehen links und rechts unserer Route auf den Weiden Hochlandrinder, die den Bewuchs flach halten, und für Kröten und Amphibien sind kleine, mit Steinen besetzte Erdwälle geschaffen worden. Der Weg endet in Alt-Hohwacht, wo wir eine erste Pause einlegen könnten.

AUF DEM HOCHUFER Wir wollen jetzt auf das Hochufer für weitere Attraktionen: An der Einmündung in die Straße geht es nach rechts und hinter der Kehre bei einem Durchlass zwischen zwei alten Hotels nach links. Der Wanderweg führt in kleinen Serpentinen

Tipp

OSTHOLSTEIN-ERFAHRUNG

Der Bismarckturm auf dem Vogelberg ist nach der Renovierung wieder geöffnet und kann gegen einen kleinen Obolus bestiegen werden. Der Eingang befindet sich im Hotel, zu erreichen über die Außenterrasse des Restaurants.

auf die Steilküste. Oben bietet uns eine Ausblickplattform einen weiten Blick über die Ostsee und die Küstenlinie der Hohwachter Bucht. Der Steiluferweg führt in Bewaldung und dann wieder herunter zum Parkplatz von Hohwacht am Edeka-Markt. **Hier trennt sich die Tour 20 von uns**. Wir wenden uns nach links zur Seestraße und an der Einmündung auf die Landstraße nach rechts.

EIN WUNDERBARER RADWEG Diese Straße hat einen der schönsten begleitenden Radwege, die ich kenne. Später an einer Kurve mit einem einzelnen Hof links lohnt es sich, kurz einmal nach rechts bis zur weißen Brücke über die Kossau zu rollen und den Blick auf den Behrensdorfer Binnensee zu genießen. Zurück auf unserem Radweg sind wir nach sechs Kilometern wieder an der Einmündung in die Bundesstraße, wo es nach rechts zum Ausgangspunkt zurückgeht. Wer Lust hat, könnte noch variieren und vorher zur Niedermühle abbiegen (siehe Tour 21).

IN LÜTJENBURG Für unsere Einkehr, das **Bistro Pur**, fahren wir am ZOB vorbei weiter die Oldenburger Straße und biegen hinter der Kirche rechts ab, queren den Marktplatz und fahren anschließend links in die Neuwerkstraße. Es lohnt sich, in dem Städtchen ein wenig herumzustromern: viel alter, roter Backstein. Von der höchsten Erhebung mit dem Bismarckturm hat man eine wunderbare Aussicht.

INFO

TOURENCHARAKTER
Leichte Rundtour, im Mittelteil jedoch mit anstrengenden Steigungen. Auf kleinen Nebenstraßen, straßenbegleitendem Radweg, Betonplattenweg und Feldstraßen

AUSGANGS-/ENDPUNKT
ZOB Lütjenburg

GPS-DATEN
54.292429, 10.594025

ANFAHRT
Bus 350 von Plön/Bus 310 von Oldenburg/Bus 310 von Kiel/Bus 310 und 315 von Raisdorf

ABKÜRZUNG
Ab Döhnsdorf weiter auf der B 202 direkt nach Lütjenburg

mittel | 39 km | 339 Hm | 3.30 Std.

↑ Fisch aus dem Selenter See mit Senfsauce ↗ Der Garten: eine Oase der Ruhe
→ Braten von norddeutschem Weidelamm … ↓↘ Einladend: der Eingang mit der rankenden Weinrebe
↓ In der Manufaktur muss man widerstehen, nicht den Laden leerzukaufen.

BISTRO PUR

Das Bistro Pur ist nicht nur einfach ein Bistro, sondern nennt sich Manufaktur. Und wenn man durch die Tür tritt, ist man schon gefangen von dem Angebot in dem kleinen Ladenlokal: Man fühlt sich wie in Frankreich bei einem Traiteur. Ich gehe dort nie hinaus, ohne meine Lieblingsvinaigrette auf Tomatenbasis mitzunehmen. Tritt man nach links, kommt man in die kleine, gemütliche Gaststube mit wenigen Plätzen, wo abends das kreative Essen aus lokalen Produkten serviert wird. Auch bei schönem Wetter draußen im Garten fühlt man sich der Zeit entrückt. Da wird so ein simples Gericht wie Roastbeef mit Bratkartoffeln dank der delikaten reifen Tomaten alter Sorten und dem hausgemachten Dressing zur Offenbarung.

Neuwerkstraße 9, 24321 Lütjenburg,
www.einfachpurgeniessen.de,
Restaurant Mi–Sa 17–22 und Fr, Sa 12–14,
Manufaktur Mi–Sa 10–22 Uhr

Der Dünenwall zwischen Hohwacht und Behrensdorf

23

KÜSTE UND STAUCHMORÄNE

Westliche Runde um Lütjenburg

Auf dieser Tour ist wieder alles dabei: ein Strandsee mit Strandwall, ein herrschaftliches Gut, ein Aussichtsturm, ein lichter Buchenwald, ein Naturschutzgebiet und der Nachbau einer mittelalterlichen Turmhügelburg. Im Monat Mai ist hier die Natur am schönsten!

START IN LÜTJENBURG Vom Busbahnhof in Lütjenburg fahren wir nach links die Oldenburger Straße hinunter.
Unten queren wir die Einmündung in die B 202 und gelangen auf den Radweg auf der linken Straßenseite. Hinter der Bahnbrücke biegen wir in die Landstraße nach Hohwacht mit ihrem wunderbaren Radweg ein.

NACH HOHWACHT Direkt am Ortsende von Haßberg fahren wir für einen kleinen Schlenker nach rechts auf einen Betonplattenweg, überqueren eine Verbindungsstraße und biegen gleich danach nach rechts in den Kranichring ein, den wir in einem Halbbogen uns rechts haltend abfahren. Von hier hat man eine wunderbare Aussicht auf den Sehlendorfer Binnensee und die davorliegenden Feuchtgebiete. Am Ende des Halbbogens – in der dritten Linkskurve – führt uns rechts ein Wanderweg für ein kurzes Stück in den Wald Buchholz hinein. Wir fahren rechts, sofort links und an der Gabelung wiederum links: So kommen wir zur Landstraße zurück, die uns jetzt rechts nach Alt-Hohwacht führt.

AUF DIE STEILKÜSTE Dort führt hinter der Kehre zwischen den Hotels Seelust und Strandhotel ein Weg zur Steilküste hoch: ein schöner Weg mit einer Aussichtsplattform. Der Weg läuft auf dem Hochufer entlang und senkt sich zum Edeka-Markt wieder ab. Wir bleiben hier geradeaus für einen Radweg, der kurz danach auf der Deichkrone nach Lippe führt. Links von uns liegt der Große Binnensee. **Ab hier läuft Tour 20 eine Weile mit unserer Tour**.

EIN KLEINER HAFEN Hinter dem Sperrwerk, das den Wasserstand des Binnensees reguliert, fahren wir entgegen der Radwegweisung bald nach rechts in eine Feldstraße. Mit deren Kurve führt die Straße zum kleinen Hafen Lippe mit dem Restaurant Klabautermann und dem skurrilen Hafenimbiss. Der ist schon einen kleinen Abstecher wert. Unsere Tour jedoch geht in der Kurve nach links, an Ferienhäusern vorbei auf einen Feldweg und weiter geradeaus hinter einem Drängelgitter auf einen Pfad am Rande eines Parkplatzes.

EIN ZAUBERHAFTER STRANDWEG Jetzt wird es schön: Am Ende rollen wir nach rechts auf einen Strandabgang zu. Dort geht unser schöner Weg an der versteckten NABU-Station vorbei nach links – immer parallel zur Strandwalllinie mit den verschiedenen Strandzugängen. Einer der schönsten Ostseewege, die ich kenne! Der Weg ist gut zu befahren und passiert den Kleinen Binnensee mit den davorliegenden Feuchtwiesen. Am Behrensdorfer Strand ist dann Schluss mit der Herrlichkeit: Das ehemalige Truppenübungsgebiet Todendorf versperrt in der Ferne die Weiterfahrt.

Die Replik einer mittelalterlichen Turmhügelburg in Nienthal bei Lütjenburg

Tipp

OSTHOLSTEIN-ERFAHRUNG

Auf unserer Tour passieren wir in Nienthal den Nachbau einer mittelalterlichen Turmhügelburg. Es lohnt sich, diese einmal zu besichtigen. Besonders interessant sind jedoch die Tage, an denen dort Veranstaltungen und Mittelaltermärkte abgehalten werden (www.turmhuegelburg.de).

INS BINNENLAND Wir wenden uns nach links der Straße mit der Kehre zu, die uns im Weiteren nach Behrensdorf, dann von dort geradeaus nach Kembs mit seiner scharfen Rechtskurve und an der folgenden Gabelung mit dem linken Zweig nach Matzwitz führt. **An der Gabelung trennen wir uns von Tour 20**. Hinter Matzwitz nehmen wir nach links die Betonplattenstraße zum Gut Panker hoch: ein schöner, etwas anstrengender Weg, im Mai zwischen blühenden Rapsfeldern.

EIN GUT MIT EINEM SCHLOSS Gut Panker mit seinem Herrenhaus ist eine schöne, viel besuchte Anlage. Wir können hier ein wenig herumstromern. Unsere Tour führt nach rechts aus der Anlage heraus, lässt uns die Landstraße überqueren für eine Waldstraße direkt gegenüber. Es bleibt anstrengend, denn wir fahren auf die zweithöchste Erhebung Schleswig-Holsteins, den Pilsberg. Die gewundene Waldstraße mündet in eine Straße mit Radweg, wo wir uns nach rechts wenden.

EIN BERG MIT TURM Nach 700 Metern können wir nach links eine Allee zum Forsthaus und dem Turm Hessenstein hochfah-

Weit reicht der Blick über die herrliche Landschaft.

Der Turm Hessenstein auf dem Pilsberg

ren. Nun haben wir es geschafft: Wir haben den höchsten Punkt erreicht! Es lohnt sich unbedingt, noch den Turm zu erklimmen (1 Euro), weil die Aussicht grandios ist.

EIN LICHTER BUCHENWALD Ob wir nun einkehren können oder nicht: Unsere Tour geht jetzt nach links weiter zu einem wunderschönen Buchenwald am Rande eines Naturschutzgebiets. Zuerst entlang des Waldrands biegen wir bald nach rechts, ignorieren einen Weg, der dazukommt, biegen danach dann aber sofort nach links ab. Dieser Weg – bald mit Betonplatten befestigt – führt meist abwärts: Wir fahren den Lohn der Mühe ein! An einer Barriere an der Einmündung in den Fresendorfer Weg rollen wir nach rechts. An der ersten Möglichkeit – wenn wir links einen Teich sehen – nehmen wir den Weg nach links, der uns in den Weiler Nienthal mit seinem Eiszeitmuseum bringt.

EINE MITTELALTERLICHE BURG Wir folgen der Straße weiter abwärts und passieren den Nachbau einer Turmhügelburganlage. Auch hier lohnt ein Stopp! Direkt hinter der Burg folgen wir dem Weg nach rechts hoch, biegen erst an der Wegeinmündung vor den Häusern nach links ab – also die zweite Möglichkeit – und an der nächsten Möglichkeit nach rechts. Links von uns war bei meiner Recherche ein riesiges Baugebiet. Egal wie in Zukunft die Wegführung sein wird: Wir müssen geradeaus zur Kieler Straße und dort nach rechts runterfahren. Unten an der B 202 fahren wir auf dem Radweg nach links und müssen dann den ersten Weg nach rechts nehmen. Vorsicht beim Überqueren der belebten Straße! Wir fahren den Weg herunter und halten uns nach Überquerung eines Bachbettes an der Weggabelung links. Wir fahren auf dem Feldweg zu einem Gehöft hoch, schauen noch einmal zurück über das Tal und rollen hinter dem Gehöft nach links durch das kleine Waldstück. Es geht abwärts ins Tal der Kossau. An der Straßeneinmündung biegen wir nach links ab und rollen dann weiter abwärts zur B 430.

DIE EISZEIT BAHNTE DAS FLUSSTAL Jetzt kommt eine Spezialität, die wir schon in Tour 9 in umgekehrter Richtung erkundet haben: ein Kilometer Fußweg hoch über der Kossau. Dazu biegen wir an der B 430 nach links ab und fahren gleich wieder rechts durch das Drängelgitter für einen Kilometer auf den Pfad, der eigentlich nur Fußgängern vorbehalten ist. Ich habe da meist durchgeschoben.
Wer das nicht möchte, fährt auf der Bundesstraße einfach immer weiter und kommt so ins Zentrum von Lütjenburg zum Ausgangspunkt zurück.
An diesem schönen Pfad, der meist nur von einheimischen Hundebesitzern genutzt wird, stehen Informationstafeln zur eiszeitlichen Entstehung des tiefen Kossautals. Am Ende fahren wir nach einem Drängelgitter wieder geradeaus auf den Weg, der uns auf die Brücke über die B 202 bringt. Auf der anderen Seite nehmen wir den linken Weg zur Mühlenstraße, die uns nach rechts zurück zu unserem Ausgangspunkt an der Oldenburger Straße bringt.

INFO

TOURENCHARAKTER
Rundtour mit einer Mischung aus Radwegen, Nebenstraßen, Wanderwegen, Feld- und Waldstraßen, im Mittelteil mit Steigungen

AUSGANGS-/ENDPUNKT
ZOB Lütjenburg

GPS-DATEN
54.292429, 10.594025

ANFAHRT
Bus 350 von Plön/Bus 310 von Oldenburg/Bus 310 von Kiel/ Bus 310 und 315 von Raisdorf

ABKÜRZUNG
Nach Passieren der Turmhügelburg geradeaus weiter und an der Pankerstraße nach rechts zurück nach Lütjenburg

mittel | 36 km | 343 Hm | 3.00 Std.

↑ Ein besonderer Ort: Blick vom Turm auf das Forsthaus → Innen ist das Forsthaus unkonventionell eingerichtet. ↘ An Werktagen haben wir einen guten Ersatz: die Ole Liese auf Gut Panker

FORSTHAUS HESSENSTEIN

Das Forsthaus Hessenstein ist die ideale Pausenstation sowohl für unsere Tour als auch für eine Wanderung: Zu schön ist die kleine Terrasse auf dem Pilsberg mit Blick auf den Turm Hessenstein. Und die Küche ist von der gehobenen Art! Aber das Forsthaus macht es uns schwer: Es hat im Regelfall erst ab 17.30 Uhr geöffnet. Nur im Sommer ist die Küche samstags und sonntags von 12–14 Uhr geöffnet; danach dann für Kaffee und Kuchen. Wenn wir hier einkehren wollen und den Tag wählen können, sollten wir die Tour an einem Wochenende planen; und vorher auf der Website die Öffnungszeiten noch einmal prüfen.

Hessenstein, 24321 Panker, www.forsthaus-hessenstein.com

OLE LIESE

Als Ersatz könnten wir auf Gut Panker in der Ole Liese einkehren, wo wir vorher vorbeikommen. Die Ole Liese hat Mi–Fr ab 15, Sa, So ab 12.30 Uhr geöffnet für Kaffee und Kuchen. Ab 18 Uhr mit warmer Küche heißt es dann Ole Liese Wirtschaft.

Panker 1007, 24321 Panker, www.ole-liese.de/restaurants/ole-liese-wirtschaft

EINE KÜSTENTOUR

Von Kiel zum Schönberger Strand

Auf dieser Tour rollen wir an der Förde entlang zur Ostsee, meist auf einem Uferweg und zum Schönberger Strand fahren wir auf dem angenehmen Küstenweg. An einigen wenigen Sommerwochenenden gibt es die Möglichkeit, mit einem historischen Zug nach Kiel zurückzukehren.

24

Das Blau des Meeres: im Hafen Kiel

Blick zurück nach Kiel vom Fördewanderweg

IM HAFEN VON KIEL Am Ausgang des Kieler Hauptbahnhofs wenden wir uns nach rechts. Die Klappbrücke bringt uns auf die andere Seite des Hafenbeckens. Dort fahren wir weiter und gelangen an einer Rampe auf Straßenniveau. Wir folgen der Straße nach links, die uns in einem Bogen zur Werftstraße bringt, der wir nach links auf dem Radweg auf der linken Straßenseite nun für vier Kilometer folgen müssen. Sie führt uns vorbei am Werftgelände und durch Vororte zur Mündung der Schwentine in die Ostsee.

ÜBER DIE MÜNDUNG DER SCHWENTINE
Kurz vor der großen Schnellstraßenbrücke können wir nach links der Schönberger Straße weiter folgen, die uns hinunter zur kleinen Brücke über die Schwentine bringt. **Hier kommt der Zubringer von Kiel–Oppendorf dazu** (siehe Infokasten).
Gegenüber biegen wir mit den Radwegzeichen nach links, an der Einmündung in den Heikendorfer Weg auch nach links und mit ihm an der ersten Möglichkeit nach rechts ein. Wir rollen durch ein Wohngebiet, kommen in eine Rechtskurve mit einem kleinen Wäldchen auf der rechten Seite und biegen dann nach links ab in den Elbenkamp. An der Gabelung fahren wir nach links. Die Straße wird zum Weg und führt unter dem Gleis der Industriebahn hindurch. Kurz danach nehmen wir links eine Treppe, die hinunter zur Straße Hasselfelde führt. Wir können das Fahrrad an einer Art Rampe neben den Stufen führen. Unten fahren wir nach rechts und biegen später nach links in die Straße Zum Kesselort ein.

STRANDWEG ODER HOCHUFER? Nun müssen wir aufpassen: Wenn die Baustelle am Uferweg nicht mehr besteht, können wir einfach die Straße und dann halblinks den Weg zum Strand hinunterrollen und nach rechts dem Uferweg folgen.

Wenn die Baustelle noch besteht, finden wir ein kleines Hinweisschild am Ende des Parkplatzstreifens, das uns nach rechts auf einen Hochuferweg leitet. Dem folgen wir immer geradeaus bis zu einem Aussichtpunkt mit Bänken auf dem Ölberg. Nun müssen wir wieder eine Treppe nehmen, die vom Aussichtspunkt abwärts führt. Das Fahrrad können wir – etwas unbequem – in einer seitlichen Rinne führen. Unten angekommen, treffen wir auf den Uferwanderweg in Mönkeberg.
Wir folgen jetzt der Uferlinie bis zum Restaurant Kiek ut, wo wir uns kurz mit der Straße etwas vom Ufer entfernen. Nach einer starken Rechtskurve geht links ein versteckter Weg wieder zum Uferweg hinunter.

DURCH DIE BÄDER NACH LABOE Wir passieren Heikendorf, den Jachthafen Möltenort, und müssen kurz vor dem Ehrenmal mit der Straße durch ein kleines Wohngebiet fah-

Tipp

OSTHOLSTEIN-ERFAHRUNG

An ausgewählten Sommerwochenenden fährt die Museumsbahn von Schönberger Strand nach Kiel und nimmt Fahrräder mit (www.vvm-museumsbahn.de).

ren. Am Sandstrand hinter der Ufernase sind wir wieder in der Spur, folgen dem Uferweg nach rechts und landen nach 3,5 Kilometern in Laboe. Wer jetzt genug vom Radfahren hat, kann mit einer Fähre eine wunderbare Fahrt zurück zum Hauptbahnhof Kiel machen.

DURCH LABOE In Laboe angekommen, halten wir uns an der Einmündung in die Strandstraße nach links, folgen der Straße mit ihrer Rechtskurve entlang nach Norden. Wir passieren das Ehrenmal Laboe und ein U-Boot auf dem Trockenen, das auch besichtigt werden kann.
Hinter dem Ehrenmal in der starken Rechtskurve können wir geradeaus auf einen Strandweg schwenken. Er endet bald an der Kreisstraße, wo wir auf einem Radweg an der linken Straßenseite fortsetzen können.

ZURÜCK AN DER UFERLINIE Nach ca. zwei Kilometern hinter Campingplätzen und Feldern können wir links einen Weg entdecken, der uns zur Uferlinie zurückbringt. Jetzt wird es einfach: Wir bleiben immer nahe dem Wasser auf befestigten Wegen, meist vor oder auf dem Deich, aber noch hinter dem Strandwall. Von Laboe nach Schönberger Strand sind es 16 Kilometer. Wir passieren Stein, Wendtorfer Strand, Heidkate, Kalifornien und kommen danach in Schönberger Strand an, erkennbar an der langen Seebrücke. 300 Meter weiter ist unser Einkehrziel **Oma's Kaffeestuuv** hinter dem Deich.

INFO

TOURENCHARAKTER
Streckentour mit 4 km Radweg an Stadtstraße, dann kleinteilige Wege und Uferwege, später immer an der Küstenlinie entlang

AUSGANGSPUNKT
Kiel Hauptbahnhof

GPS-DATEN
54.315174, 10.131993

ENDPUNKT
Schönberger Strand Kurverwaltung

ANFAHRT
Mit der Regionalbahn bis Kiel Hauptbahnhof

RÜCKFAHRT
Mit Bus 200 nach Kiel Hauptbahnhof. An den beiden Wochenenden der Kieler Woche fahren Regionalbahnen von Schöneberg nach Kiel

ABKÜRZUNG
Bis Laboe und Rückkehr mit der Fördefähre

leicht	32 km	131 Hm	3.00 Std.

VARIANTEN
Start in Kiel-Oppendorf (Anfahrt siehe Tour 14, Seite 94)

OMA'S KAFFEESTUUV

Oma's Kaffeestuuv liegt etwas versteckt hinter dem Deich in einem geduckten Reetdachhaus. Aber an den blauen Fenstern, dem blauen Entree und vor allen Dingen der Kaffeekanne am Schornstein sollte man es schnell erkennen. Innen empfängt uns die nostalgische Gemütlichkeit einer engen Bauernstube, dekoriert mit vielen alten Kaffeekannen und Kaffeemühlen. Noch gemütlicher ist es draußen im windgeschützten kleinen Garten unter hohen Bäumen, wo man nur glückliche Gesichter sieht. Und das hat seinen Grund: Wenn man am Tortentresen vorbeikommt, sieht man, dass hier nicht einfach hausgefertigte frische Blechkuchen angeboten werden, sondern dass hier ein kundiger Konditor gearbeitet hat.
Und die Größe der Stücke macht es schwierig, sich für nur ein einziges Stück der köstlichen Torten zu entscheiden. Aber dann draußen nach dem Servieren auf der Gartenterrasse ist man auch glücklich und genießt.

Promenade 15, 24217 Schönberg,
www.omas-kaffeestuuv.de,
Sommer Di–So 12–17 Uhr

↑ Schon wieder die Qual der Wahl am Tortentresen ↗ Quarksahne mit einem Hauch Mandarine, dazu sehr guter Kaffee ↘ Etwas geduckt hinter dem Deich ist das Haus an seinen blauen Applikationen zu erkennen. ↓ Das Innere der alten Fischerkate ist sehenswert.

Blick vom Hochufer auf Schilksee

25

SEELUFT SCHNUPPERN

Die Kieler-Förde-Tour

Diese herrliche Tour entlang der Ost- und Westkante der Kieler Förde mit ihren Stränden wird mit einer Fährfahrt zur Rundtour. Wenn wir zeitlich gut disponieren, erwischen wir ein Schiff, das uns für einen Abstecher zum Leuchtturm Bülk nach Strande bringt.

OSTUFERROUTE SIEHE TOUR 24 Den Beginn der Tour bis Laboe können wir bei Tour 24 nachlesen.
Wenn wir nicht nach Strande fahren, nehmen wir das Regelschiff und steigen gegenüber in Falckenstein aus und fahren von dort dann die Westküste der Förde ab.

DIE VARIANTE VON STRANDE NACH BÜLK Von Anfang Mai bis Anfang September fährt eine kleinere Fähre von Laboe hinüber nach Schilksee und Strande, allerdings nur mit wenigen Abfahrten. Nach einer schönen Fahrt über die jetzt schon recht breite Förde mit all dem Schiffsverkehr fahren wir in Strande nach rechts, folgen der Uferlinie für drei Kilometer zum weithin sichtbaren Leuchtturm.

PAUSE AM LEUCHTTURM Am Fuße des Leuchtturms ist unser Einkehrziel: das **Café Leuchtturm-Pavillon**. Es lohnt sich, hier die wenigen Meter um die Spitze zu fahren: Ein weiter Ausblick bis nach Eckernförde öffnet sich. Auf dem gleichen Weg zurück halten wir uns auch hinter Strande an die Uferlinie.

AN DER UFERLINIE ZURÜCK Kurz hinter dem Anleger Strande führt uns nach links ein Weg entlang des Jachthafens nach Kiel-Schilksee. Auch hier bleiben wir dem Weg entlang der Uferlinie treu, bis er nach rechts abknickt. Sehr kurz danach können wir nach links in den Seeschwalbenweg abbiegen, der zu einem Park führt, den wir zur schräg gegenüberliegenden Seite durchqueren, wo unser Weg später durch ein kleines Waldstück führt und dann später deutlich auf dem Hochufer verläuft. Nach gut zwei Kilometern treffen wir auf den Anleger Falckenstein, wo wir aussteigen, wenn wir nicht die kleine Fähre nach Strande nehmen konnten.

ANLEGER FALCKENSTEIN Wer noch eine Einkehr sucht, könnte geradeaus auf oder neben dem Deich hinunterfahren zur Deichperle, muss aber hierher wieder zurückkehren. Denn unsere Tour geht in einem Bogen nach rechts, trifft auf die Straße Palisadenweg, wo wir links einbiegen.

AUF RADWEGEN DURCH PARKS Wir umfahren das riesige, eingezäunte Gewerbegebiet Friedrichsort. An der kommenden Einmündung fahren wir links und gleich die nächste Straße wieder rechts, die in einen Park hineinführt. Wir folgen dem Weg nach links abwärts zur Straße Prieser Strand. An der folgenden Kreuzung halten wir uns links. Die Straße wird zum Radweg. Wir könnten einen Weg um ein aufgelassenes Gewerbegebiet, das seine Transformation noch vor sich hat, nach links zur Uferkante nehmen. Am Ende sind wir aber wieder zurück auf dem Radweg.

ZURÜCK AN DER UFERLINIE Der Radweg wird zur Straße (Strandstraße), die wir aber den Radwegzeichen folgend (Veloroute 5) bald wieder nach links zur Uferlinie verlassen können. Wir folgen der Uferlinie, auch durch eine kleine Eventmeile hindurch, und kommen zur Einmündung des Nord-Ostsee-Kanals.

Der Leuchtturm Kiel-Holtenau

EINE FÄHRE ÜBER DEN KANAL Unser Weg dreht nach Westen, führt auf die Kanalstraße, die uns in einem Bogen zu einer Fahrradfähre über den Kanal bringt. Auf der anderen Seite fahren wir die Rampe hoch und halten uns oben nach links (Am Kiel-Kanal). Die Straße geht in eine Rechtskurve; wir aber fahren auf dem Weg weiter geradeaus auf einen kleinen Aussichtspunkt zu.

DURCH WOHNGEBIETE Hier drehen wir nach rechts. Der Weg mündet in die Herthastraße, der wir durch die Wohngebiete nach Süden folgen. An ihrem Ende rollen wir rechts in die Arkonastraße, die ab dem Linksknick Adalbertstraße heißt. Links von uns ist das nette Café Dreimaster. Wir biegen für ein kurzes Stück nach links in die Weimarer Straße und gleich nach rechts in die Straße Im Anscharpark ein.

AUF DER KIELLINIE INS ZENTRUM Hier immer gerade durch treffen wir auf die Straße Kiellinie, der wir nach links folgen – immer geradeaus – auch auf den Folgestraßen – bis zum Hauptbahnhof.

INFO

TOURENCHARAKTER

Rundtour mit einer Fährfahrt in der Mitte. Meist auf Wander- und Radwegen nahe der Fördeuferlinie

AUSGANGS-/ENDPUNKT

Kiel Hauptbahnhof

GPS-DATEN

54.315174, 10.131993

ANFAHRT

Mit RE83 oder RB84 von Lübeck; mit RE7 oder RE70 von Hamburg; mit RB76 von Kiel-Oppendorf (siehe Tour 14)

ABKÜRZUNG

In Laboe mit dem Fördeschiff zurück zum Hauptbahnhof

VARIANTE

Abstecher Strande–Bülk–Falckenstein zusätzlich 6 km

leicht | 31 km | 174 Hm | 3.00 Std.

↑↑ Der Ausblick vom Café auf die Förde ↑ Der zeltartige Rundbau des Pavillons empfängt Gäste das ganze Jahr. ↗ Die Attraktion hier ist der Leuchtturm. → Eher eine herzhafte Tomatensuppe oder lieber … ↘ … eine frisch gebackene Waffel mit »Garnitur«?

CAFÉ LEUCHTTURM-PAVILLON

Das Café liegt am westlichen Ausgang der Förde zur Ostsee am Leuchtfeuer Bülk: ein schöner Ort mit weitem Blick auf die Ostsee und die Schiffe, die den Kieler Hafen ansteuern. Das Café liegt am Fuße des Leuchtturms und ist ein runder Pavillon, eingebettet in einen Garten mit zahlreichen gemütlichen Strandkörben und viel Spielzeug für Kinder: ein Ort, in dem man gern eine Pause macht und die besondere Landschaft genießt. Die 2023 hoffentlich wieder mögliche Besteigung des Leuchtturms ist ein zusätzlicher Anreiz, den Tourabstecher bis hier an die Nordspitze zu machen. Die herzhaften Angebote sind konventionell, aber die Leckereien zur Kaffeezeit locken alle Süßmäuler doch ungemein: Eisbecher, Torten, frisch gebackene Waffeln und Pfannkuchen machen einem die Entscheidung schwer.

Leuchtfeuer Bülk 0, 24229 Strande,
www.leuchtturm-buelk.de,
Di–Fr 10–19 Uhr, Sa, So ab 9 Uhr

↑ Eine Fahrt mit der Draisine macht der ganzen Familie Spaß.
↓ Zwei strampeln und die Mitfahrer genießen den Blick in die Natur.
→ Die Schienen der stillgelegten Bahntrasse verlaufen versteckt zwischen den Häusern.

EXTRA

leicht | 17 km | 76 Hm | 2.00 Std.

EINE DRAISINENFAHRT, DIE IST LUSTIG …

Auf Schienen durch die Holsteinische Schweiz

DAS ULTIMATIVE PEDALIERERLEBNIS IST EINE DRAISINENFAHRT auf der stillgelegten Strecke vom Bahnhof Malente nach Lütjenburg. Dort kommt man mit der ostholsteinischen Landschaft noch einmal ganz anders in Kontakt. Herrlich ist es, von den waldigen Uferhöhen des Kellersees dann in die gewellten Felder und Weiden zu rollen. Ein einmaliges Landschaftserlebnis! Die Strecke ist inzwischen von einem Verein gekauft worden, der sich für die Wiederinbetriebnahme des Schienenverkehrs einsetzt. Die ehrenamtlichen Mitglieder gehen die Sache mit viel Herzblut und Engagement an. Sie haben mit renommierten Fachleuten einen interessanten 4-Stufen-Plan aufgestellt, der schon einen Innovationspreis gewonnen hat.
www.schiene-m-l.de

Am Ende sollen autonome, solarbetriebene Leichtschienenfahrzeuge die Strecke von Malente bis Lütjenburg befahren. Bis dahin ist es aber noch ein weiter Weg! Stufe 1 beinhaltet den touristischen Betrieb mit Fahrraddraisinen. Die Draisinen mit Platz für bis zu vier Personen kann man für Fahrten um 10 Uhr oder um 13 Uhr bei der Touristinformation in Malente direkt gegenüber dem Bahnhof mieten.
www.holsteinischeschweiz.de/malente-draisine

PS:

ALS GEBÜRTIGER HAMBURGER fand ich schon als Kind und Jugendlicher die Schleichwege spannend und bin sie in meiner Umgebung alle mit dem Fahrrad abgefahren. Später dann kam die »große, weite Welt« Westeuropas dazu mit ausgedehnten Radtouren – je nachdem, was die knapp bemessene Urlaubszeit hergab.

IM WANDEL DER ZEIT

Mein persönliches Highlight war eine 80-tägige Radreise von Hamburg nach Lissabon. Besonders tiefe Erlebnisse waren die Zelt-Fahrrad-Ferien mit den Kindern – zuerst mit ihnen im Fahrradhänger, später als selbstständige Mitfahrer. Als die Kinder flügge waren, wurden es wieder Touren zu zweit und auch solo. Freunde drängten darauf, die Touren und Erlebnisse für andere zugänglich zu machen. So wurde die Idee des Radreiseblogs geboren (www.radreiseblog.blogspot.com), an dem ich seit 2012 schreibe.

AB NACH OSTHOLSTEIN

Später kamen die Tagestouren in und um Hamburg dazu, die in der Rubrik »Hamburger Erkundungen« mündeten. Diese erfreuen sich großer Beliebtheit, sodass auch Freunde aus Hamburg und von außerhalb sich gern von mir auf Schleichwegen durch Hamburg führen lassen. So entstanden die beiden ersten Radtourenbücher, die ebenfalls im Bruckmann Verlag erschienen sind.
Seit 1982 verbringe ich auch immer wieder Zeit in Ostholstein. Selbstverständlich ist das Fahrrad stets mit dabei …

Viel Spaß beim Radeln, Entdecken und Genießen!

Herbert Rönneburg

Wie alt mag dieser Baumriese wohl sein (Tour 12)?

Immer wieder Betonplattenwege:
ein Glücksfall für uns Radler!

REGISTER

Ebenfalls erhältlich ...

ISBN 978-3-7343-2145-0

ISBN 978-3-7343-2725-4

IMPRESSUM

Verantwortlich: Kerstin Thiele
Redaktion und Lektorat: Susanne Maute, mcp concept GmbH
Layout- und Reihengestaltung: Mathias Frisch
Satz: mcp concept GmbH
Repro: LUDWIG:media
Kartografie: Bruckmann Verlag GmbH, Heidi Schmalfuß
Herstellung: Alexander Knoll
Printed in Poland by CGS Printing

Exklusiv für Sie als Leser:

MIT GPS-DATEN ZUM DOWNLOAD

unter: gps.bruckmann.de

Sind Sie mit diesem Titel zufrieden? Dann würden wir uns über Ihre Weiterempfehlung freuen.
Erzählen Sie es im Freundeskreis, berichten Sie Ihrem Buchhändler, oder bewerten Sie bei Onlinekauf. Und wenn Sie Kritik, Korrekturen, Aktualisierungen haben, freuen wir uns über Ihre Nachricht an Bruckmann Verlag, Postfach 40 02 09, D-80702 München oder per E-Mail an lektorat@verlagshaus.de.

Unser komplettes Programm finden Sie unter www.bruckmann.de

In diesem Buch wird aus Gründen der besseren Lesbarkeit das generische Maskulinum verwendet. Weibliche und anderweitige Geschlechteridentitäten werden dabei ausdrücklich mitgemeint, soweit es für die Aussage erforderlich ist.

Bildnachweis: Alle Bilder im Innenteil und auf dem Umschlag stammen vom Autor mit Ausnahme von S. 130 © Ullrich Block, S. 152 o., S. 152 li u. © MaTS GmbH/Katharina Goede.
Umschlagvorderseite: gr. Bild Ostufer der Insel Fehmarn; Einklinker o. Preetzer Café-Stuben (Tour 16); o. Frisch gebackene Waffeln im Café Leuchtfeuer, Strande (Tour 25)
Umschlagrückseite: Die Seehütte, Café mit Schiffsanschluss in Malente (Tour 8)

Die Deutsche Nationalbibliothek verzeichnet diese Publikation in der Deutschen Nationalbibliografie; detaillierte bibliografische Daten sind im Internet über http://dnb.d-nb.de abrufbar.

Infanteriestraße 11a
80797 München

ISBN: 978-3-7343-2478-9